U0024255

我悟 故我在

Epiphany

——撞壁人生的神奇解脫術

麥冬 著

我悟故我在
Epiphany
撞壁人生的神奇解脫術

目錄

第三章 放低姿態的生存之道／95

我悟故我在
Epiphany
撞壁人生的神奇解脫術

◆ 目錄 ◆

第六章 學會取捨，感受世界的美好與精彩／227

我悟故我在

Epiphany

撞壁人生的神奇解脫術

◆ 目錄 ◆

第七章　感恩惜福，天天都是好日子／269

前言

頓悟：佛教術語，是禪宗的一個法門，相對於漸悟法門。也就是六祖惠能提倡的「明心見性」法門。是指它通過正確的修行方法，迅速地領悟佛法的要領，從而指導正確的實踐而獲得成就。

而現實生活中，人們所說的「頓悟」，沒有這麼複雜，只是一種突然的感悟。而格式塔派心理學家指出人類解決問題的過程就是「頓悟」。當人們對某個問題百思不得其解，突然看出問題情境中的各種關係，並產生了「頓悟」和「理解」——有如「踏破鐵鞋無覓處，得來全不費工夫」。

一代大師叔本華說過：「當你拚盡全力也無法達到目標時，缺的就是讓你頓悟的一句話。」

本書中，作者把人生智慧用到日常生活中，告訴人們如何磨煉意志力、如何洞悉生活

本質、如何與別人相處、如何錘煉強大的心智、如何獲得人生幸福等，基本囊括了生活智慧的精髓所在，對幫助年輕人洞見人生本質、找到生存的意義和目標有著不可估量的作用。

本書每篇章中的內容都緊扣主題，闡述了生活中做人做事的哲理，且行文深入淺出，絕不艱深晦澀，適合普通大眾閱讀。而那些富含智慧的文字，往往能一語道破生命的本質，讓處在迷茫中的人幡然醒悟，走出人生的困局。

第一章

抓取獲得幸福的能力

什麼是幸福？幸福是一種心理的平衡，
是一種知足常樂、安分守己的心態。
當你不再羨慕別人的富足與晉升，不再羨慕別人的優越與高尚，
不再鄙薄別人的貧困與媚俗，不再看不起別人的巴結與奉承，
不再孜孜以求所謂的成功，
而過自己那種心安理得、興之所至、隨遇而安、自得其樂的生活時，
你就是一個幸福的人。

1 接受人生的「不公平」

不公道現象的存在是必然的，因此公道只能是相對的。當你無法改變這一現實時，你可以努力地改變自己。愛默生曾說過這樣一句話：「憤世嫉俗……一切愚蠢地要求始終如一，這是人類的弊病之一。」

我們周圍的世界，不管是自然界還是人類世界，本身都不可能是一個完全公平的世界。知更鳥吃蟲子，這對蟲子來說是不公正的；蜘蛛吃蒼蠅，對蒼蠅來說也是不公正的。美洲獅吃小狼，小狼吃獾，獾吃老鼠，老鼠吃蟑螂……只要環顧一下自然界，就不難看出，世界上有很多現象是無法用公道來衡量的。龍捲風、洪水、海嘯和乾旱對人類來說都是不公道的。公道只是一種良好的願望而已，卻不是人類的真實生活。倘若人們強求世上任何事物之間都公平合理，那麼所有生物連一天都無法生存——鳥兒就不能吃蟲子，蟲子就不能吃樹葉……

所以，我們尋求的完全公道只不過是一種海市蜃樓罷了。只要我們還生活在這個世界上，我們就會遇到各種各樣的不公道。面對這些不公道，你可以高興，可以怨恨，也可以消極視之……但那些不公道現象依然會永遠存在下去，如若你憤世嫉俗那將是毫無意義的。

事實上，人與人之間總會存在一定的差異。別人的境遇如果比你好，那無論你怎樣抱怨也改變不了自己的境遇。你應該避免總是提及他人，不要總是拿著顯微鏡觀察他人的境遇，而應該多關注自己的言行舉止，以便更好地調整自己的缺失。有些人工作時間不多，報酬卻很高；有些人能力不如你強，卻因受寵而得到晉升。不管你怎樣不願意，你的妻子和孩子依然會以不同於你的方式行事。然而，只要你將注意力放在自己身上，不去同別人比較，你就不會因周圍的不平等現象而煩惱。

活在這世上，要學會接受社會現實的不公平、不公正，用一種平淡寧靜的心情來對待各種事物。不以物喜，不以己悲，用一種淡泊的心態來平衡自己的心理。

什麼是幸福？幸福是一種心理的平衡，是一種知足常樂、安分守己的心態。當你不再羡慕別人的富足與晉升，不再羡慕別人的優越與高尚，不再鄙薄別人的貧困與媚俗，不再看不起別人的巴結與奉承，不再孜孜以求所謂的成功，而過自己那種心安理得、興之所至、隨遇而安、自得其樂的生活時，你就是一個幸福的人。

12

記住，各種人生陷阱幾乎都有一個相同的特徵——把別人的行為看得更加重要。如果你總是說，「他能做，我也可以做」這一類的話，那你就是在根據別人的標準生活，那麼你將永遠與自己的生活無緣。

2 勇敢衝出「心理牢籠」

世界上最難攻破的不是那些堅固的堡壘和城池，而是你為自己編織的「心理牢籠」。因此，我們要想擺脫困境，走上成功的道路，必須勇敢地衝出自己的「心理牢籠」。

一個人在他廿五歲時因為被人陷害，而在牢裏待了十年。後來沉冤昭雪，他終於走出了監獄。出獄後，他開始了幾年如一日的反覆控訴、咒罵：「我真不幸，在最年輕有為的時候竟遭受冤屈，在監獄裏度過了本應最美好的一段時光。監獄裏簡直不是人待的地方，狹窄得連轉身都困難，唯一的小窗也幾乎看不到陽光；並且冬天寒冷難忍，夏天蚊蟲叮咬……真不明白，上帝為什麼不懲罰那個陷害我的傢伙，即使將他千刀萬剮，也難解我心頭之恨啊！」

七十五歲那年，在貧病交加中，他終於臥床不起。在他彌留之際，牧師來到

他的床邊，對他說：「可憐的孩子，去天堂之前，懺悔你在人世間的一切罪惡吧……」

牧師的話音剛落，病床上的他聲嘶力竭地叫喊起來：「我沒有什麼需要懺悔的，我需要的是詛咒，詛咒那造成我不幸命運的人……」

牧師問：「你因受冤屈在監獄待了多少年？離開監獄後又生活了多少年？」

他惡狠狠地將數字告訴了牧師。

牧師長歎了一口氣，說：「可憐的人，你真是世上最不幸的人。對你的不幸，我真的感到萬分同情和悲痛。他人囚禁了你區區十年，而當你走出監獄，本應獲取永久自由的時候，你卻用心底裏的仇恨、抱怨、詛咒，囚禁了自己整整四十年！」

現實生活中，有不少人和故事中的主人公一樣，給自己編織了一個「心理牢籠」。別人做得不對，就一味地詛咒、憎恨；自己做錯了一丁點事情，就念念不忘，責備自己的過失。有些人總是喜歡嘮叨自己過去的坎坷往事、身體疾病，或抱怨自己的不公平遭遇和生活苦難；還有些人喜歡把自己不懂的事情塞滿腦袋，把一些不相干的事與自己聯繫在一起，造成不必要的心理障礙。殊不知，對那些過去的往事、不平的經歷，或那些想不明白的事情，一味地責怪和抱怨，是於事無補的。如果總是對想不通、想不開的事情念念不忘，就很容易使自己失去判斷力，最後將囚禁自己的整個人生。

一旦你把自己囚禁在「心獄」之中，哪還有時間去追求豐富多彩的人生呢？

在一個人成長、成熟的過程中，難免會遭受來自社會和家庭的議論、否定、批評或打擊，於是許多人奮發向上的熱情便慢慢冷卻，逐漸喪失了信心和勇氣，他們對失敗惶恐不安，變得懦弱、狹隘、自卑、孤僻，害怕承擔責任，不思進取，不敢拚搏。於是，他們這輩子過得並不如意。事實上，他們這輩子不是輸給了外界壓力，而是輸給了自己。很多時候，阻擋我們前進的不是別人，而是我們自己。因為怕跌倒，所以走得膽戰心驚、亦步亦趨；因為怕受傷害，所以把自己裹得嚴嚴實實。殊不知，我們在封閉自己的同時，也封閉了自己豐富多彩的人生。

很多時候，影響一個人的幸福感的，並不是因為物質的貧乏或豐裕，而是他的心境。如果把自己的心靈浸泡在「令人後悔和遺憾」的舊事中，痛苦必然會佔據你的整個心靈。

卡內基先生有一次造訪希西監獄，他對獄中的囚犯看起來竟然和世人一樣快樂很是驚訝。典獄長羅茲告訴卡內基：「犯人剛入獄時都甘願服刑，並盡可能快樂地生活。」這時，卡內基看到有一位花匠囚犯在監獄裏一邊種著蔬菜、花草，

一邊輕哼著歌，他哼唱的歌詞是：「事實已經註定，事實已沿著一定的路線前進，痛苦、悲傷並不能改變既定的形勢，也不能刪減其中任何一段情節。當然，眼淚也於事無補，它無法使你創造奇蹟。那麼，讓我們停止流無用的眼淚吧！既然誰也無力使時光倒轉，不如抬頭往前看……」

卡內基聽完，終於明白了這些人快樂的原因。

令人後悔的事情在生活中經常出現：許多事情做了後悔，不做也後悔；許多人遇到了後悔，錯過了更後悔；許多話說了後悔，不說也後悔……人生沒有回頭路，也沒有「後悔藥」可吃。過去的已經過去，你再也無法重新設計。後悔，只會消弭未來的美好，給未來的生活增添陰影。

只要你心無掛礙，什麼都看得開、放得下，何愁沒有快樂的春鶯在啼鳴？何愁沒有快樂的泉溪在歌唱？何愁沒有快樂的白雲在飄蕩？何愁沒有快樂的鮮花在綻放？所以，放下就是快樂。不被過去糾纏的人生，才是幸福的人生。

3 趕走心底的那片愁雲

所謂妄自菲薄，就是輕視自己，自己看不起自己。有這種心理的人，並不一定是其本身具有某些缺陷或短處，而是他不能悅納自己，自慚形穢，常把自己放在一個「低人一等，不被自我喜歡」的位置上，並由此陷入不能自拔的痛苦境地。這種人的心裏永遠籠罩著愁雲，他們永遠不敢亮出自己，生怕被人恥笑。

從前有個人相貌極醜，街上行人常要轉頭對他多看一眼。他從不修飾自己，到死都不在乎衣著。窄窄的黑褲子，傘套似的上衣，到死都戴著一頂窄邊的大禮帽，彷彿要故意襯托出他那瘦長的個子。他走路的姿勢也相當難看，雙手晃來蕩去，不知放在哪裏才合適。

他是小地方的人，直到臨終，雖然已經身居高職，他的舉止仍是老樣子。他

仍然不穿外衣就去開門，不穿外套就去公眾場合，總是講不得體的笑話，總是在公眾場合忽然憂鬱起來，不言不語。無論在什麼地方——法院、講壇、國會、農莊，甚至於他自己家裏，他處處顯得無所適從。

他不但出身貧賤，而且身世蒙羞。作為私生子，他一生都對自己的出身非常敏感。

沒有人的出身比他更低，但也沒有人比他升得更高。

他後來任美國大總統，這個人就是林肯。

林肯的一生不是沉浸在自卑中，而是對一切他所缺乏的東西進行全面補償。他不求名利地位，不求愛情與婚姻美滿，集中全力以求達到更高的目標。他渴望把他的獨特思想與崇高人格裏的一切優點奉獻出來，以造福人類。

其實，自卑是由於過多地自我否定而產生的一種自慚形穢的情緒體驗。其主要表現為對自己的能力、學識、品質等自身因素評價過低；心理承受能力脆弱，禁不起較強的刺激；謹小慎微，多愁善感，常產生猜疑心理；行為畏縮、瞻前顧後等。在任何年齡段的人身上都可能存在這種心理。它使人們不能正確地認識自己的價值，因而產生更多其他的困擾。比如說，德才平平，生命仍未閃現出輝煌與亮麗，往往容易產生看破紅塵的感歎和

「流水落花春去也」的無奈，以致把悲觀失望當成了人生的主調；經過奮鬥拚搏，工作有了成績，但總擔心風光不再，容易產生前途渺茫、四大皆空的哀歎；隨著年齡的增長，青春一去不回頭，往往容易哀怨歲月的無情和發出「紅日偏西」的感慨……

自卑者總是一味輕視自己，總感覺自己這也不行，那也不行，什麼都比不上別人。他們怕正面接觸別人的優點，總是迴避自己的弱項。一旦讓這種自卑情緒佔據心頭，就會導致你對什麼都提不起精神，猶豫、憂鬱、煩惱、焦慮便會紛至遝來。

長此以往，這種自卑心理就會形成一種消極、不良的心境。它是一具壓抑自我的沉重的精神枷鎖，它會消磨人的意志，軟化人的信念，淡化人的追求，使人的銳氣鈍化，從而畏縮不前。從自我懷疑、自我否定開始，以自我埋沒、自我消沉告終，使人陷入悲觀哀怨的人生陷阱中不能自拔，眼睜睜地看著「生命之水」虛妄地流失。

任何人都有自卑的時候，但不能讓這種心理影響了整個人。我們不能總是一味輕視自己，不敢相信自己的想法和決策。生命，有時候是一種惡性循環。你越是不相信自己，很多事情就越做不好。陷入這樣的旋渦裏，你就將會丟了快樂，丟了幸福。其實，世界上的每一種事物、每一個人都有其優勢，都有其存在的價值。

4 優柔寡斷是成功的天敵

世間最可憐的人就是那些舉棋不定、猶豫不決的人。一旦有了事情一定要去和他人商量，做出什麼樣的決定不取決於自己，而是取決於他人，這種主意不定、意志不堅的人，他們既不會相信自己，也不為他人所信賴。

當一個人具有了這種優柔寡斷的性格，要想幫他改掉，實在是很難的。犯有這種性格弱點的人，他們從來不會是有毅力的人。這種性格上的弱點，可以敗壞他們的自信心，也可以破壞他們的判斷力，並大大有害於他們的全部精神能力。

是否擁有果斷決策的力量，與一個人的才能有著密切的關係。如果沒有決斷的能力，那麼你的一生就將像深海中的一葉孤舟，永遠漂流在狂風暴雨的汪洋大海裏，永遠達不到成功的彼岸。

造船廠裏有一種力量強大的機器，能把一切廢銅爛鐵毫不費力地壓成堅固的鋼板。善於做事的人便如同這部機器一般，他們做事異常敏捷，只要他們決心去做，任何複雜困難的問題到了他們手裏都會迎刃而解。

如果一個人目標明確、胸有成竹，那麼他絕不會把自己的計畫拿來與人反覆商議，除非他遇到了在見識、能力等各方面都高過自己的人。在決策之前，他會仔細考察，然後制訂計畫，最後採取行動。這就像在前線作戰的將軍必須首先仔細研究地形、戰略，而後才能擬訂作戰方案，最後再開始進攻。

那些頭腦清晰、判斷力很強的人，一定會有自己堅定的主張。他們絕不會糊裏糊塗，更不會投機取巧，他們不會永遠處於徘徊當中，更不會一遇挫折便賭氣退回，使自己的事業前功盡棄。只要做出了決定，他們一定會一往無前地去執行。

英國的基欽納將軍就是一個很好的典型。這位沉默寡言、態度嚴肅的將軍威猛如獅、出師必捷，他一旦制訂好計畫，確定了作戰方案，就絕不會再三心二意地去與他人討論，向人諮詢。在著名的南非之戰中，基欽納將軍率領他的駐軍出發時，除了他和他的參謀長外，誰也不知道部隊將要開赴哪裏。他只下令，要預備一輛火車、一隊衛士及一批士兵。此外，基欽納不動聲色，甚至沒有電報通知沿線各地。戰爭開始後，有一天早晨六點鐘，他突然出現在卡波城的一家旅

館裏。他打開這家旅館的旅客名單，發現了幾個本該在值夜班的軍官的名字。他走進那些違反軍紀的軍官的房間，一言不發地遞給他們一張紙條，上面是他的命令：「今天上午十點，專車赴前線；下午四點，乘船返回倫敦。」基欽納不管軍官們的解釋和辯白，更不聽他們的求饒，只用這樣一張小紙條，就給所有的軍官下了一個警告，殺一儆百。

基欽納將軍有無比堅定的意志，做任何事都異常鎮靜，胸有成竹，他任何時候都能冷靜而有計劃地去做每一件事，這樣就事事馬到成功。

現在，社會上最受歡迎的是那些有巨大創造力並有非凡經營能力的人。有些人往往只知道按部就班地聽從別人的吩咐，去做一些別人已經安排妥當的事情，並且凡事都要有人詳細地指示。唯有那些有主張、有獨創性、肯研究問題、善於經營管理的人，才是人類的希望。也正是這種人，充當了人類的「開路先鋒」，促進了人類的進步。

有時事情明明已經詳細計畫好，考慮周全了，已經確定了，有些人仍然「前怕狼，後怕虎」，不敢行動，他們左右思量，不能決斷。最後，他們腦子裏的念頭越來越多，對自己也越來越沒有信心，最終精力耗散，陷入完全失敗的境地。

一個渴望成功的人，一定要有一種堅決的意志，一定不可染上優柔寡斷、遲疑不決的惡習。在工作之前，必須要確定自己已經決定接受這份工作，即便遇到一些困難與阻力，即使出現一些錯誤，也不要有懷疑的念頭，不能撤腿就走。我們在處理某件事情時，事前應該仔細地分析思考，對事情本身和環境作一個正確的判斷，然後再做出決定；而一旦做出了決定，就不能再對這個決定有任何懷疑和顧慮，也不要管別人的說三道四，只要全力以赴去做就可以了。做事的過程中難免會出現一些錯誤，但不能因此心灰意冷，應該把困難當教訓，把挫折當經驗，要自信以後會很順利，這樣成功的希望就會更大。在做出決定後，如果還心存疑慮，還要反覆思量，則無異於把自己推入泥濘不堪的沼澤中，最終只好在痛苦和懊惱中結束自己的一生。

有一個讓人深思的故事：某地發生水災，整個鄉村都難逃厄運，村民們紛紛逃生。一位上帝的虔誠信徒爬到了屋頂，等待上帝的拯救。

不久，大水漫過屋頂，剛好有一隻木舟經過，舟上的人要帶那位信徒逃生。那位信徒胸有成竹地說：「不用啦，上帝會救我的！」木舟就離他而去了。片刻之間，河水已沒過那位信徒的膝蓋。

剛巧，有一艘汽艇經過，來拯救尚未逃生者。那位信徒還說：「不必啦，上帝一定會救我的。」汽艇只好到別的地方救其他的人。

幾分鐘後，洪水高漲，已到了那位信徒的肩膀。這個時候，有架直升機放下軟梯來拯救他。他死也不肯上飛機，說：「別擔心我啦，上帝會救我的！」直升機也只好離去。

水繼續高漲，那位信徒最後被淹死了。死後，他升上天堂，遇見了上帝。他大罵：「平日我誠心祈禱您，您卻見死不救。算我瞎了眼啦。」

上帝聽後叫了起來：「你還要我怎樣？我已經給你派去了兩條船和一架飛機！」

機會只敲一次門。成功者應該善於當機立斷，抓住每次機會，充分施展才能。切記要正視自我的不足，糾正「優柔寡斷」的性格，拋棄那種遲疑不決、左右思量的不良習慣，只有這樣才能最終獲得成功，得到命運的垂青。

5 心態是最神奇的力量

心理學家史蒂芬・柯維曾告誡我們：人們對待生活的心態是世界上最神奇的力量，帶著熱忱、激情和希望的積極心態投入到生活和工作中去，能將一個人提升到更高的境界；反之，帶著失望、怨恨和悲觀的消極心態，則能毀滅一個人。

智者對生活和工作充滿了熱忱，他們從不抱怨別人和自己生活、工作的環境，一旦選擇了自己的事業，就會滿懷激情地投入進去，用熱情融化前進途中的困厄、障礙，他們是真正擁有世界、擁有快樂的人；愚者對生活和工作缺乏激情，他們沒有自己真正喜歡的事業，往往是這山望著那山高，生活中稍遇挫折，便心灰意冷，工作中稍有不如意，便怨天尤人，等到多年後驀然回首，卻發現自己原來一事無成。

對生活和工作缺乏熱忱和激情的人，他很容易被自己悲觀的情緒所左右，使自己喪失信心，變得意志消沉。有時機會和財富就在他的身邊觸手可及，但是，由於受不良情緒的

干擾，他也會讓機會和財富從身邊溜走。

一天，奧斯卡來到奧克拉荷馬城的火車站，他準備乘火車往東邊去。他在氣溫高達四十多度的西部沙漠地區已經待了好幾個月，因為他正在為一個公司勘探石油。

奧斯卡是麻省理工學院的畢業生。他把舊式探礦杖、電流計、磁力計、示波器、電子管和其他儀器結合，製成了勘探石油的新式儀器。

就在奧斯卡滿懷信心、充滿激情工作著的時候，他突然得知：他所在的公司因無力償付債務而破產了。奧斯卡踏上了歸途，他失業了，前景相當暗淡。他心中對工作的熱忱和激情也一下子消失得一乾二淨。

由於奧斯卡必須在火車站等待幾個小時，他就決定在那兒架起他的探礦儀器來消磨時間。儀器上的讀數表明車站所在地下蘊藏有大量的石油。但奧斯卡不相信這一切，他在憤怒中踢毀了那些儀器。

「這裏不可能有那麼多石油！這裏不可能有那麼多石油！」他十分反感地反覆叫著。

不久之後，人們就發現奧克拉荷馬城地下有豐富的石油資源，甚至可以毫不誇張地說，這座城就「浮」在石油上。

由於失業的挫折，奧斯卡產生了悲觀消極思想。即使他一直尋找的機會就躺在他的腳下，但是由於他缺乏激情，使他沒有能夠把握住機會。

對生活充滿激情，是重要的成功原則之一。在你渴望成功的時候，你的熱忱和激情會使你對自己更加充滿自信。

抱著積極的思想，對生活充滿激情，你就會不斷地努力，直到你取得了你要尋找的財富。

沒有熱忱、缺乏激情的人，就是讓他坐在金礦上他也看不見金子，因為他的心已經被一種悲觀情緒給「俘虜」了。

熱忱是一種自發的力量，它又是幫助你集中全身的力量去做某一事情的一種能源。它能使你在困難重重的時候毫不畏懼，同時激發出你的潛能，幫助你克服重重困難，創造出奇蹟。

6 懶惰比操勞更消耗人的身心

懶，是人類的特性之一。有些人「琴棋書畫不會，洗衣做飯嫌累」，更有甚者自詡：不要跟我比懶，我懶得和你比。人總是希望不付出或少付出勞動，但又能過上舒適的生活。懶惰在生活中表現為不求上進、意志消沉、安於現狀、心態消極。很多青年朋友就沾上了懶惰的習性，他們學習沒目標、不主動，糊塗混日，得過且過。人生的許多理想、目標、規劃、希望、追求，因為懶惰而變得遙遙無期，無法實現。

在這個社會上，不論什麼人，要想做成一件事，都必須抗擊來自人性中懶惰的缺點，使外界的逼迫變為內心的自覺。

這是因為大多數的人都喜歡那種舒適的感覺，能站著拿到東西絕對不會跳起來拿，能坐著拿到東西絕對不會站起來拿，能躺著拿到東西絕對不會坐起來拿。舒適又是個極壞的東西，它是滋生懶惰的溫床，腐朽、墮落等現象大多因舒適而衍生。

懶惰會使人的機體素質下降。由於較少活動，身體得不到鍛煉，人體的免疫功能下降，患病機率將會增加。另外，由於體力消耗較少，身體會逐漸發胖，患高血壓、動脈粥樣硬化、冠心病等疾病的機會也會增加。總之，懶惰會危害人的軀體健康。

從心理健康的角度來說，懶惰使人懶於思考，使大腦思維活動的主動性、靈活性下降，長期如此，還可能導致人的智慧下降。而且，懶惰的人常缺乏精神支柱，他們不明白人生的真諦，不能實現自我價值，難以獲得學業或事業成功的愉快體驗。

從社會適應的角度來說，懶惰使人不願付出，他們只想得到。他們平日遊手好閒，常受到親朋好友的指責，且得不到周圍人的認可，因而產生人際交往障礙。懶惰的人還常因不願擔負社會責任而受到紀律處罰或輿論批評，存在許多社會適應問題。

懶惰帶來的不利影響是巨大的。誰都會帶有或多或少的惰性，要想戰勝你的懶惰，勤勞是唯一的方法。

一個鐵匠用同一塊鐵打了兩把鋤頭，擺在地攤上賣。農人買走了其中的一把鋤頭，馬上就下地使用起來；而另外一把鋤頭，被一個商人買到，因為無用，被閑放在商人的店裏。

半年以後，兩把鋤頭偶然碰到一起。原本質地、光澤、鍛造方式都相同的兩

把鋤頭現在大不相同。農人手裏的鋤頭，好像銀子似的閃亮，甚至比剛打好時更光亮；而那把一直被商人放在店裏的鋤頭，卻變得暗淡無光，上面佈滿了鐵銹。

「我們以前都是一樣的，為什麼半年之後，你變得如此光亮，而我成了這個樣子了呢？」那把生滿鏽跡的鋤頭問它的老朋友。「原因很簡單啊，這是因為農人一直使用我勞動。」那把光亮的鋤頭回答說，「你現在生了鏽，變得不如以前，是因為你老側身躺在那兒，什麼活兒也不幹！」生銹的鋤頭聽後，沉默了，它無言以對。

故事中的兩把鋤頭本來條件一樣，一把鋤頭因為到了勤勞的農人手裏，每天跟著農人一起勞動，所以變得比剛打好時還光亮有力，而另一把鋤頭因為一直閑在商人店裏無所事事，所以變得暗淡無光，並且佈滿了鐵銹。由此可見，勤奮和懶惰所帶來的結果是多麼的懸殊。

從這個故事中我們不難明白這樣一個道理：刀越磨越鋒利，鋤頭越用越光亮，人越學越聰明。勤奮和懶惰都是一種習慣，只不過勤奮的習慣使人走向光明，懶惰的習慣使人走向越來越深的黑暗。

比爾・蓋茨說：「懶惰、好逸惡勞乃是萬惡之源，懶惰會吞噬一個人的心靈，就像灰塵可以使鐵生銹一樣，懶惰可以輕而易舉地毀掉一個人，乃至一個民族。」

所以，我們應該用勤奮築一道「防護堤」，阻擋懶惰的靠近。

美國著名作家傑克・倫敦在十九歲以前，還從來沒有進過中學。但他非常勤奮，通過不懈的努力，使自己從一個小混混成為了一代文學巨匠。

傑克・倫敦的童年生活充滿了貧困與艱難，他每天像發了瘋一樣跟著一群惡棍在三藩市海灣附近遊蕩。說起學業，他不屑一顧，並把大部分的時間都花在偷盜等勾當上。有一天，他漫不經心地走進一家公共圖書館內，開始讀起名著《魯濱遜漂流記》，他看得如癡如醉，並受到了深深的感動。在看這本書時，饑腸轆轆的他，竟然捨不得中途停下來回家吃飯。第二天，他又跑到圖書館去看別的名著，另一個新的世界展現在他的面前——一個如同《天方夜譚》中「巴格達」一樣奇異美妙的世界。從這以後，一種酷愛讀書的情緒便不可抑制地左右了他。一天中，他讀書的時間達到了十到十五小時，從荷馬到莎士比亞，從赫伯特・斯基到馬克思等人的所有著作，他都如饑似渴地讀著。十九歲時，他決定停止以前靠體力勞動吃飯的生涯，改成以腦力謀生。他厭倦了流浪的生活，他不願再挨員警無情的拳頭，他也不甘心讓鐵路工頭用燈按自己的腦袋。

於是，就在傑克・倫敦十九歲時，他進入加利福尼亞州的奧克德中學。他不分晝夜地用功讀書，從來就沒有好好地睡過一覺。天道酬勤，他也因此有了顯著的進步，他只用了三個月的時間就把四年的課程念完了，通過考試後，他進入了加州大學。

傑克・倫敦渴望成為一名偉大的作家，在這一雄心的驅使下，他一遍又一遍地讀《金銀島》、《基度山恩仇記》、《雙城記》等書，之後就拚命地寫作。他每天寫五千字，這也就是說，他可以用二十天的時間完成一部長篇小說。他有時會一口氣給編輯們寄出三十篇小說，但它們統統被退了回來。

後來，他寫了一篇名為《海岸外的颶風》的小說，這篇小說獲得了《三藩市呼聲》雜誌所舉辦的徵文比賽頭獎，但他只得到了二十美元的稿費。五年後的一九〇三年，他有六部長篇以及一百二十五篇短篇小說問世。他成了美國文藝界最為知名的人物之一。

一個人的成就和他的勤奮程度永遠是成正比的。懶惰者是不能成大事的。因為懶惰的人總是貪圖安逸，遇到一點兒風險就嚇破了膽，另外，他們還缺乏吃苦實幹的精神，總存有僥倖心理。而成大事之人，他們更相信「勤奮是金」。不經歷風雨，怎麼見彩虹？一個人怎能隨隨便便成功。

所以在被懶惰摧毀之前，你要先學會摧毀懶惰。從現在開始，擺脫懶惰的糾纏，不能有片刻的鬆懈。

7 懦弱是阻礙前進的「麻醉藥」

在困難面前表現出懦弱的人是不會獲得成功的。懦弱者常常害怕機遇，因為他們不習慣迎接挑戰。他們從機遇中看到的是憂患，而在真正的憂患中，他們又看不到機遇。

西方有句名言說：失敗的人不一定懦弱，而懦弱的人卻常常失敗。

獅王年老體衰後，決定儘快選出一名繼承人。

一天，獅王把三個兒子叫到跟前說：「在我眼裏，你們三兄弟是一樣聰明、善良的，誰都可以繼承我的王位，但王位只能傳給你們其中一人，所以，我決定讓你們通過競賽的方式，來公平競爭王位，勝者才能為王。」

三個兒子都同意了獅王的決定。

第二天，獅王在一幫大臣的簇擁下，帶著三個兒子來到一處懸崖邊，說：

「我的王冠就放在這處懸崖的下邊，你們誰敢從這裏跳下去，王冠就屬於誰了。」

三個兒子驚呆了，因為他們從小就接受過父王這樣的訓誡：「你們千萬不要到懸崖邊去玩耍，萬一不小心掉下去，肯定會摔得粉身碎骨！」

「父王，能否換個比賽的方式？這樣跳下去，說不定你會失去所有的兒子。」獅王的大兒子跪在地上，滿頭大汗，戰戰兢兢地說。

「放肆！」獅王有幾分惱怒了。

「父王，我自願放棄王位，不參加比賽了。」二兒子說完，癱倒在地上。

「唉！」獅王看著地上的兩個兒子，禁不住失望地長歎一聲。

「父王，我願意跳下去。」三兒子說完，朝獅王跪拜了三下，便縱身躍下深不見底的懸崖。一天後，小兒子手捧王冠回到了王宮。原來，懸崖的下面，獅王早已命人墊上了一層厚厚的乾草，他此舉只是為了試試兒子們的膽量而已。

人都有其懦弱的一面，但關鍵的是，聰明的人能夠戰勝內心深處的懦弱，獲得向上的精神動力。勇敢是每一個人都需要的品質。在困境面前，能夠克服自己的懦弱，勇敢地迎接挑戰，才能獲得命運的青睞。

懦弱不但會讓人失去機會，還有可能讓人失去生命。懦弱的人懼怕壓力，他們不善於

堅持，對命運屈服。但事實上，只要將懦弱這種「麻醉藥」拋去，生活依然很美好。巴頓將軍說過：「要無畏、無畏、無畏。記住，從現在起直至勝利或犧牲，我們要永遠無畏。」要獲得成功，少不了膽量，也少不了勇氣。一個永不喪失勇氣的人，是永遠不會被打敗的，因為他堅信風雨過後就是彩虹。

測一測：你是一個性格懦弱的人嗎？

- 你是否有勇氣做排雷專家的工作？
- 你是否曾經爬上你們家的房頂？
- 你敢撫摸小白鼠嗎？
- 你願意騎大象嗎？
- 你是否願意參加電視知識競賽？
- 你是否願意成為一名探險家？
- 你願意去遠征狩獵嗎？
- 如果你看見了行兇搶劫，你是否會追趕罪犯？
- 你是否會面對一大群人作演講？

- 你願意在傳說「鬧鬼」的房子裏睡覺嗎？
- 你是否有勇氣成為深海潛水夫？
- 在堵車時，你是否會與其他司機爭辯？
- 你敢在野外的叢林中散步嗎？
- 你是否曾經爬上很高的樹？
- 你曾經騎過「飛車」嗎？
- 你是否願意在夜晚看電視中的恐怖電影？
- 你願意騎馬嗎？
- 你是否願意在夜晚獨自外出？
- 你願意在露天公園裏坐雲霄飛車嗎？
- 你是否願意養一隻兇猛的狗？
- 你是否願意試演一次話劇？

評分標準

每回答一個「是」得兩分，每回答一個「我不知道」得一分，每回答一個「不是」得零分，最後計算總分。

測試結果

低於十四分：你的性格比較懦弱，不喜歡冒險，不願嘗試有風險的事情。但是，有些時候，你不應當局限於自己的信念，而應當鼓勵自己不時地參加一些有一定風險的行動。對你而言，這可能有難度。可是，有的時候僅僅為了好玩而去做一些事情，可以豐富你的人生經歷，而且無須牽涉到太多的風險，當然也不會危及你的生命和人身安全。

十五到廿八分：你是個小心謹慎的人，但基本上無所畏懼。一般情況下，你喜歡安逸的生活，不需要太多的麻煩。但是如果現實需要，你也會勇敢地站出來。儘管你並不厭惡偶爾參與一些冒險，但通常會比較有節制，而且事先會仔細權衡利弊。

廿九到四二分：你擁有非常強健的神經，有時你需要適當地約束一下自己，因為你經常可能會將警惕拋諸腦後。你很可能會在危急時刻顯身手，而且會是一位出色的搭檔——他人身邊優秀的合作夥伴。不會有人批評你的生活枯燥無聊，而且會有很多人羨慕你的勇氣和生活方式。這當然是好事，但是你一定要記住一句古老的諺語：「三思而後行。」

8 實現自我的獨特價值

當今社會，處處都為人們提供了發展自己事業的機遇。不過，受社會潮流的影響，不少人身上都滋生出了自由懶散、不受約束、不負責任的壞習慣。在這些人看來，這樣一個時代，謀求自我實現、自我發展、自己創業當老闆才是一件很正常的事情。然而，他們卻忘了，只有擁有責任感，才能實現自己的價值，也唯有具備勇於負責精神的人，才會受到他人的器重與提拔。

從前有個國王叫狄奧尼西奧斯，他統治著西西里最富庶的城市西提庫斯。他住在一座美麗的宮殿裏，裏面有無數價值連城的寶貝，一大群侍從恭候兩旁，隨時等候吩咐。

狄奧尼西奧斯擁有如此多的財富、如此大的權力，自然很多人都羨慕他的好

運。達摩克利斯就是其中之一，他可以說是狄奧尼西奧斯最好的朋友。達摩克利斯常對狄奧尼西奧斯說：「你多幸運呀，你擁有人們想要的一切，你一定是世界上最幸福的人。」

而狄奧尼西奧斯卻聽厭了這樣的話，有一天，他問達摩克利斯：「你真的認為我比其他人都要幸福嗎？」

「當然是的，」達摩克利斯回答道，「看你，擁有巨大的財富，握有巨大的權力，你根本一點煩惱都沒有。還有什麼比這更幸福的呢？」

「或許你願意跟我換換位置試試看吧。」狄奧尼西奧斯說。

「噢，我從沒想過。」達摩克利斯說，「但是只要有一天讓我擁有你的財富和幸福，我就別無他求了。」

「好吧，我就跟你換一天，也許到時候你就知道了。」

就這樣，達摩克利斯被領到了王宮。所有的僕人都被引見到達摩克利斯跟前，聽他使喚。僕人們給達摩克利斯穿上皇袍，戴上金王冠。達摩克利斯坐在宴會廳的桌邊，桌上擺滿了美味佳餚，美酒、鮮花、昂貴的香水、動人的樂曲，一切應有盡有。他坐在鬆軟的墊子上，感到自己成了世上最幸福的人。

「噢，這才是生活。」達摩克利斯對著坐在桌子那邊的狄奧尼西奧斯感歎道，「我從來沒有這麼高興過。」

達摩克利斯舉起酒杯的時候，抬眼望了一下天花板。頭上懸掛的是什麼東西？尖端幾乎要觸到自己的頭了！達摩克利斯的身體突然間僵住了，笑容也從唇邊慢慢地消逝，他臉色變得煞白，雙手一直在顫抖。他不想再吃，也不想再喝，更不想聽音樂了。他只想儘快地逃出王宮，越遠越好，隨便哪兒都行。原來，他頭頂正懸著一把利劍，僅用一根馬鬃繫著，鋒利的劍尖正對準他的雙眉之間。他想跳起來跑掉，可還是忍住了，他怕突然一動，會扯斷細線，使劍掉落下來。他只好僵硬地坐在椅子上，一動不動。

「怎麼啦，朋友？」狄奧尼西奧斯問，「你這會兒好像沒胃口了？」

「那把劍！劍！」達摩克利斯小聲說，「難道你沒看見嗎？」

「我當然看見了，」狄奧尼西奧斯說，「我天天都看得見，因為它一直懸在我的頭上，說不定什麼時候，什麼人或事就會斬斷那根細線。也許是哪個大臣垂涎我的權力，欲將我殺死，抑或有人散佈謠言讓百姓反對我，或者是鄰國的國王會派兵來奪取我的王位，又或者是我的決策失誤使我退位，等等。如果你想做統治者，就必須做到自己應盡的責任，因為責任與權力同在，這你應該知道的。」

「是的，我知道了。」達摩克利斯說，「我現在終於明白我錯了。除了財

富、榮譽，你還有很多憂慮。請回到你的寶座上來吧，讓我回到我自己的家。」

從此，在達摩克利斯的有生之年，他非常珍惜自己的生活。他再也不想與國王換位了，哪怕是短暫的一刻鐘。

這雖然是一個很古老的故事，但是它卻很好地提醒了我們：如果我們渴望享受成功的快樂，那就必須做好準備，承擔隨之而來的責任。因為，並不是每一個人都敢於承擔自己應盡的責任的，任何人都有膽怯的時候。但是，請不要忘記，那是上天賦予你的使命，是你的權利，更是你的義務。

就像學生以學習為己任，軍人以服從命令為天職一樣。每件事情的發生，都有其發生的原因、經過及其結果。責任永遠不能推卸，也永遠推卸不掉。所有成功的人，都有一個共同的品質——責任感。責任感可以說是一個人品格和能力的承載，是一個人走向成功必不可少的素養。聰明、才智、學識、機緣等，固然是促成一個人成功的必要因素，但是只要缺乏了責任感，仍是難以成功的。

《阿甘正傳》這部電影裏面，阿甘所在的連隊在搜查中發現了一個山洞，裏面極有可能潛藏著敵人，當連長問誰敢衝在前面到洞中搜查的時候，所有的人都猶豫了，因為他們都知道裏面的風險巨大。只有阿甘在大家都靜悄悄不敢應答的時候，接受了連長的命令，率先衝進洞中，因而消滅了敵人、立了大功，並得到了上級的嘉獎。那些聰明的戰友們，看起來是很「聰明」地避開了危險，並早早平淡地退了役。阿甘則總是「笨笨」地執行那些別人不願執行的任務，結果卻是自己的軍銜一直在不斷地上升。

很多人，包括阿甘直接的上司，都不太服氣這個「幸運」的笨傢伙：這種人怎麼能成為將軍呢？這是因為，他們都忘記了一個最簡單的事實：**只有敢於承擔責任，而不是比他人更聰明——這才是晉升的依據**。

美國著名管理學家瑪麗·弗洛特說過這麼一句話：「責任是人類能力的偉大開發者。」這句話既真實又貼切，可以說是一語道破了責任的「天機」。

有位成功的企業家對「責任」進行的詮釋是：「責任即價值」。在他看來，責任與價值有著三層的具體含義：第一，只有承擔責任，才有可能創造出價值。無論價值的大小，都是因為有人承擔了責任才產生的。第二，承擔責任，是對自身價值的一種證明。你承擔的責任越大，表明你的價值越大，社會和企業就越是需要你。第三，責任是回報的前提。首先不是想自己能夠得到什麼，而應當想想自己應該承擔什麼責任。

第二章

選擇為你的人生增值

人生的道路是由一個個十字路口交錯而成的，
只有在每一個路口都做出自己正確的選擇，
你才能在自己絢麗的人生大道上走出一串串堅定的腳印，
才能實現自己獨特的人生價值。

1 做自己擅長的事

據調查，有百分之廿八的人正是因為找到了自己最擅長的職業，才徹底掌握了自己的命運，並把自己的優勢發揮到淋漓盡致的程度。相反地，有百分之七十二的人正是因為不知道自己適合什麼職業，而總是做著自己不擅長的事，因此，他們工作時既得不到成就感，又無法在那行業成為頂尖人才，更談不上成就大事了。

實際上，世界上大多數人都是平凡人，但大多數平凡人都希望自己有番不平凡的作為，希望自己能夠成就大事，以實現夢想，使自己的才華能獲得他人賞識，自己的能力能獲得他人肯定，擁有名譽、地位、財富。但令人遺憾的是，真正能實現這一切的人，似乎總是不多。

如果你用心去觀察那些成功人士，你會發現他們幾乎都有一個共同特徵：不論他們的聰明才智高低與否，也不論他們從事哪一種行業、擔任何種職務，他們都在做著自己最擅長的事。

從很多例子可以發現，一個人的成就主要來自他對自己擅長工作的專注和投入程度。只有無怨無悔地付出努力，才能享受甘美的果實。

美國人桑德斯在三十九歲時來到肯德基州經營一家加油站，無意之中，他瞭解到來往加油的人有不少都想順便吃點食物充饑，便萌生出開家餐廳的念頭。桑德斯在月台外搭起六張桌子，並潛心研製菜肴。他將十一種香料添加到優質肉雞中，經過特色烹調技術合成，用壓力鍋炸製，推出了一道鮮嫩酥滑的「炸雞」作為招牌菜，招攬來大批顧客。可是儘管每天都顧客盈門，到了月底盤帳，利潤卻微乎其微。桑德斯百思不得其解，一直沒有找到原因。這樣過了十六年，「炸雞」聲名遠揚，可桑德斯的積蓄卻少得可憐。

不幸之事突然降臨。因為餐廳周邊土地被征作高速公路用地，顧客再不能來用餐，桑德斯不得不折價變賣了所有家當。沒有足夠的資金另開餐廳，桑德斯只能靠領取救濟金度日。這時，他想起曾經有人主動找上門來，請求他轉讓「炸雞」的技術，並許諾將以每賣出一隻雞支付五美分費用作為回報。為何不靠販賣「炸雞」技術來賺錢呢？靈光一現，困境之中的桑德斯帶著壓力鍋和作料桶，敲

開了一家家飯店的大門。

兩年之中，在被拒絕了一千零九次之後，桑德斯終於贏得了第一次授權合作的機會。此後，他堅持不懈地在各地遊說，終於發展到四百家餐廳願意授權經營。隨著「炸雞」的影響越來越廣，許多餐廳主動申請授權。桑德斯因此賺得盤缽滿盈。他要求所有授權餐廳統一取名為「肯德基」，並統一形象和技術標準。如今，肯德基已發展成為全球最大的「炸雞連鎖集團」。

晚年時，桑德斯回憶起當年忙碌卻清貧的日子，不禁感歎：「要是我能早些正視自己不善於經營餐廳的事實，早點把這些活兒交出去，我的人生就將少走一段彎路。」

那麼，如何發現自己最喜歡和最擅長什麼呢？

我們可以參考蘋果創始人賈伯斯的「明天死去」原則。從十七歲起，賈伯斯每天都會對著鏡子自問：「如果今天是我的最後一天，我還會去做將來打算做的那些事嗎？」賈伯斯相信，在死亡面前，任何榮辱成敗都變得無足輕重，剩下的就是你最緊要的事情。

如果你明天即將死去，那麼你今天選擇的工作，就是你願意為之奮鬥一生的工作。這樣去想，你就會剔除那些看來重要但卻無關緊要的事項，找到自己最喜歡做的事。

還要將精力集中在優勢領域，使之比萬萬人更強。蓋洛普說，**成功就是充分實現你的潛能**。而這取決於你能否準確識別並全力發揮你的天生優勢。所謂優勢，就是你天生能做一件事，不費勁，卻比其他一萬個人做得好。想想看，沒必要抱怨自己天賦平平，我們每個人必有某種過人之處，那就是你真正擅長的事情。把精力集中在這個領域，去專注如一地學習、奮鬥，你肯定能獲得比在任何其他領域更多的成就。

在選定了自己喜歡並且擅長的領域之後，你的割捨就會變得簡單起來。你會跳出薪酬的圈子、忽略福利、忘記工作時間、不計工作地點、拋開職位高低，此時，你才擁有了一份真正意義上的職業規劃乃至人生規劃。

另外，不要鑽牛角尖。有人可能會問，我最喜歡的事是打遊戲，我覺得我打得也挺好，當然網上還有很多比我打得好的高人，那麼我是否只能去做一個網路遊戲的程式開發員？

這，就是鑽進牛角尖了。首先要跳出具體的事情，從本質上來看哪些是你所喜歡和擅長的事。如果將打遊戲的樂趣折射到你的人生中，你所喜歡和擅長的可能是充滿挑戰、刺激的任務，那些勝負分明、成就感豐沛的工作，它可能與團隊合作有關，是互聯網行業的工作……事實上，你會發現，除了電腦遊戲的開發，還有很多類似的工作能幫你找到發揮個人潛能的出口。喜歡且擅長，不能一葉障目，只見泰山，也要明辨是非，要符合社會發

展的趨向和大多數人的利益。

天生我材必有用。要做喜歡且擅長的事，絕不是讓你無原則的偏執，你所做的事要能為大多數人創造價值，並且，能持久地創造價值。所以，選擇職業，不單單是找一個能養活自己的工作，這一選擇的本身就是一個發現自己、認識自己的過程。

內心的喜好是推動事業進步的最大動力，它能幫你克服困難，讓你堅持到底。如果你喜歡的事情有很多，要挑選自己最擅長做的事，這樣你就能在感受快樂的同時取得超乎常人的成就。

曾國藩曾說：「**世上沒有庸才，只有放錯了崗位的人才。**」從根本上講，別人無法把你束縛在錯誤的崗位上，能這樣做的，只有你自己。

2 在冒險中尋找機會

在創業的路上，面對最直接的利害得失，我們必須敢於做出自己的選擇，表明自己的態度，並且能承受因我們的選擇而帶來的後果。

一個人成功的關鍵，是他是否擁有膽量和勇氣。如果沒有膽量和勇氣，你就不會擁有一切。人生也是一場賭局，「願賭服輸」是一種風度，一種境界。既然選擇了，就必須賭下去，不能患得患失，瞻前顧後，更不能因此而失去理智，迷失心性。

如果想做生意，想闖蕩商海，沒有一份勝敗自如的灑脫，是難以承受商海的風雨的。人生的輸贏，不是一時的榮辱成敗所能決定的。今天賺了，不等於永遠賺了；今天賠了，只是暫時還沒賺。任何時候，過人的膽識和胸懷都是一個人最重要的品質。堅持到底就是勝利。做生意是這樣，做人是這樣，做任何事情都是這樣。只有如此，才能禁得起經濟戰場中的「槍林彈雨」，成為「活」著出來的那一個，成為發家致富的「王者」。

真正的勇氣就是秉持自己的意見，不管別人怎麼說。只要確定自己是對的，就堅持你的信念，無怨無悔。

日本三洋電機的創始人井植歲男講過這樣一個真實的故事。一天，他家的園藝師父對他說：「社長先生，我看您的事業越做越大，而我卻像樹上的蟬，一生都坐在樹幹上，太沒出息了。您教我一點創業的秘訣吧。」

井植歲男點點頭說：「行！我看你比較適合園藝工作。這樣吧，在我工廠旁有兩萬坪空地，我們合作來種樹苗吧。」

「樹苗一棵多少錢能買到呢？」園藝師父問道。

「四十元。」井植又說，「一百萬元的樹苗成本與肥料費用由我支付，以後三年，你負責除草施肥工作。三年後，我們就可以收入六百多萬元的利潤，到時候我們每人一半。」

聽到這裏，園藝師父卻拒絕說：「哇，我可不敢做那麼大的生意！」

最後，他還是在井植歲男家中栽種樹苗，白白失去了致富良機。

事實上，我們總是處於這樣或那樣的冒險境地中，因為我們別無選擇。我們必須橫穿馬路才能走到另一邊去，我們也必須依靠汽車、飛機或輪船之類的交通工具，才能從一個地方到達另一個地方。

我們在每一天都將面臨冒險，除非我們永遠紮根在一個點上，原地不動。的確，當冒險的結果不太令人滿意的時候，總會有人說：「還是躺在床上保險。」很多窮人從來不願去冒險，他們似乎習慣於「躺在床上」過一輩子。

「千萬要小心謹慎從事」，許多人都是在這樣一種敦促、提醒、告誡的語言環境中一點點長大成熟的。正因為周圍環境中時時刻刻存在著這樣的善意提醒，使得一般人很難掙脫原有束縛去冒一把險。

許多人從不考慮「當一個為自己打工的業主」，因為那「太冒風險了」。接受大公司的職位是大多數人的選擇，因為這樣不存在某天被解雇的風險。許多人一心只想著「幹活，拿工資，花錢」，要公司「關心」他們的生活。他們認為這才是理想的低風險的工作。但是，他們錯誤地估計了自己的這門職業，因為有朝一日，大多數人會從他們的職位上消失掉。

工作和生活永遠是變化無窮的，我們每天都可能面臨改變。新的產品和新的服務不斷上市，新科技不斷被引進，新的任務不斷被交付，還有新的同事、新的老闆……這些改變，也許微小，也許劇烈，但每一次的改變，都需要我們調整心態，去重新適應這一切。

改變，意味著去挑戰某些舊習慣和老狀態。如果你緊守著過去的行為和思維模式，並且堅信「我就是這個樣子」，那麼，那些新事物就會威脅到你的安全感。我們既然有成為「成功富人」的欲望，卻不去冒險，又怎麼能夠實現這個偉大的目標呢？冒險與收穫常常是結伴而行的。風險和利潤的大小是成正比的，往往經歷巨大的風險會為你帶來巨大的效益。險中有夷，危中有利。要想有卓越的成果，就要敢冒風險。

一個女孩經歷了諸多的挫折，始終沒有找到一個成功的入口。迷茫的她，給自己放了個假，帶著灰色的心情去美國旅遊。

一天，她在三藩市市政廳參觀的時候，難得興致高漲，她信步漫遊，不知不覺來到市長辦公室的門口。她不假思索地敲了門，不料一個壯實威嚴的保鏢走了出來，驚問道：「小姐，我能幫你什麼嗎？」她愣住了，一時不知該怎麼回答。頓了幾秒鐘，她心想：既然敲了門，那就進去看看吧。於是，她精神十足地對保鏢說：「我能進去看看市長嗎？」

保鏢仔細打量了她一番，說道：「你得稍等片刻。」說罷，他用監視器和市長通話，確定下了見面的時間和地點。不一會兒，那個胖嘟嘟的市長大腹便便地走了出來，並很高興地和她一起聊天、拍照，他們就像一對早已認識的忘年交。

有時候成功源自「敲門就進去」的冒險。如果你根本沒有仔細想過要去冒險，那你就只能待在原地，安於現狀，既不能後退，也不能前進。你的日子很可能過得呆板、懶散。「劃時代」的探險行為不是時時發生的，也不是每一個探險家都會碰到的機遇。雖然冒險精神只是一種精神層面上的東西，但探險家的行動必須擁有足夠的冒險精神。不具備足夠的冒險精神，成功就與你無緣。

我們都知道，衝浪是一個挑戰極限的活動。飆網者在學習駕馭浪頭時，很清楚地意識到自己是在對抗一股無法掌握的龐大力量。永遠不可能有兩個相同的浪頭，海浪總是變化多端、捉摸不定的。但是，飆網者卻把這些視為考驗自己身心的大好機會，他們甚至會主動尋找大浪。浪越大，樂趣就越多，即使可能會被大浪擊倒，吃進滿嘴的沙礫，也無所謂。他們堅信，不去經歷更大的浪頭，就不會獲得新的突破。

飆網者把對大海的恐懼當成「興奮劑」，反過來利用它去完成目標。這就如同醫學報告指出的，人體在危險的情況下，會進入一種「高度警戒」的狀態，並且說明自己立刻有效地應付變局。換句話說，挑戰極限是人類天生的本能。

無可否認，所有的冒險都會令人感到興奮，同時也會讓人產生焦慮。不過，話又說回來，在漫長的生命歷程中，既然我們無法避免那些充滿風險的事，何不乾脆讓自己奮力放

手一搏呢？

當然，誰也不想失敗。所以要確知哪些風險是可以試試的，哪些風險是絕不能貿然行動的。只瞭解事實是遠遠不夠的，你必須瞭解你自己。你一定要有個清楚的概念：你是通過「害怕」和「野心」這兩個放大鏡來觀察和評估風險的，而這樣的鏡片下反映出來的東西，並不是永遠不走樣的。在決定「下注」的時間、地點之前，一定要認真考慮，包括你在人生奮鬥中所處的確切位置，以及那個位置對你所產生的影響。也就是說，你必須考慮到，若以現在的條件，假設失敗了，自己是否還有後路可退，自己還有多少籌碼，等等。

但是賭注是一定要下的，即使你知道有可能會輸。而且我們每個人都會經歷失敗，一旦籌碼落地，你就不能再想著輸了，要堅信自己一定能贏。即使你把所投賭注全輸了，你也不用過於灰心喪氣，因為我們每個人都會經歷失敗，這是非常正常的。冒險必定要付出一定的代價，在決策時就應該把所要付出的代價考慮進去。總之，既要敢於冒險，又要儘量減少風險成本，這才是成功之道。

人生需要嘗試，特別是在創業時期。一般說來，我們在創業之初，並不知道最後的結果如何，那麼，在這個時期，就需要嘗試、嘗試、再嘗試，試驗、試驗、再試驗，挑戰、挑戰、再挑戰。

如果我們能夠嘗試著向前走，不被艱難和黑暗嚇倒，我們就會發現，我們所經歷的風險其實並沒有那麼可怕。

世上沒有一步登天的事，必須不斷地在嘗試中學習，在嘗試中經歷錯誤，再加以修正。對那些成功者而言，他們不可能不用按部就班，輕而易舉地就能獲取勝利的果實，也得在嘗試中逐步逼近預設的目標。顯然，沒有多次的嘗試，任何人都是無法成功的。

在現實生活中，我們會發覺有的時候一條路看著很黑，但是真正走在路上卻未必如此。往往是走近那條路的時候，才會發現，原來這條路並沒有我們想像中那麼黑，甚至根本就是一片光明。這不僅是自然界的一種情形，在人生的事業、愛情、家庭、金錢和人際關係上也是如此。坐在那裏想，越想越可怕；坐在那裏看，越看越黑暗。如果我們能夠嘗試著向前走，不被艱難和黑暗嚇倒，大膽地去探一探究竟，我們就會發現，現實其實並沒有那麼可怕。

人生需要不斷嘗試，在不斷嘗試的過程中，適時加入一些「調味」的冒險吧。就如兒時的「尋寶遊戲」一樣，走錯了路，大不了再轉過頭，沿原路走回來。只要有機會重新開始，事情就不算太糟。所以，即便失敗，也是一次饒有趣味的學習。若是成功，你自然就會有信心展開下一次冒險。

3 讓陽光灑滿你的世界

先與讀者們分享個有趣的小故事。這個故事是孩子們朗朗上口的，或許你也曾聽過。

有個頑皮鬼遇見了一位潛心修行的老和尚。頑皮鬼看老和尚一動也不動地參佛，因此起了嚇唬老和尚的念頭。於是他變成一個無頭鬼，飄到老和尚的面前。

老和尚看了他一眼，輕描淡寫地說：「真好，沒有頭就不會頭痛了。」頑皮鬼不服氣，馬上又變成一個沒肚子的鬼，心想這次一定可以嚇死老和尚。沒想到老和尚仍是看了看，笑著說：「沒有肚子就不會肚子餓了，不必想該吃些什麼，真是幸福啊！」

頑皮鬼非常生氣，決定使出渾身解數。這一次，他變成一個滿面青光、沒有五官的鬼，他就不信這樣還嚇不了老和尚。老和尚依舊不急不慢地說：「沒有耳朵，就聽不見擾人的聲音；沒有眼睛，就看不見人間的醜陋；沒有鼻子，就不會流鼻涕；沒有嘴巴，就不用辛苦地說話，你真是非常幸運呢！」這次，頑皮鬼再也沒轍了，只好悻悻然地離去。

在我們身旁經常出現如「頑皮鬼」般的考驗，如果我們也能像老和尚一樣，凡事從樂觀的角度去思考，生活就能簡單快樂多了。

哈佛大學教育學院教授克萊里・薩弗指出：「**如果你能改變你的思想，從悲觀走向樂觀，你便可以使你的人生改觀。**」

哈佛大學醫學院曾進行過一〇四項科學研究工作，研究對象達一萬五千人。研究結果表明，樂觀能幫助你變得更幸福、更健康，並且使你更容易獲得成功。而悲觀呢？正好相反，能導致你絕望、罹患疾病和步入失敗。

心理學家克雷格・安德森教授說：「如果我們能引導人們更樂觀地去思考，這就好比為他們注射了防止精神疾病的預防針。」研究人員解釋說：「你的才能當然重要，但相信自己必定能成功的想法，常常是決定成敗的關鍵因素。」

克雷格・安德森教授曾經讓一群哈佛學生打電話給普通民眾，請他們去紅十字會捐血。當那些哈佛學生打了一兩次電話後都碰了一鼻子灰時，悲觀的學生就說：「我做不好

這件事。」樂觀的學生則對自己說：「我要換個方法再試試。」

樂觀者會認為他們所處的狀態比實際情況好得多，事情並非真的太糟，當然，這種想法會使他們更勇敢地堅持下去。匹茲堡癌症研究所的桑德拉・立維醫生對患有末期乳癌的婦女進行了一系列的調查研究，發現平常比較樂觀的婦女在接受治療後，不再復發的機率較高，這就是保持樂觀信念所產生的積極效果。在一項以患初期乳癌的婦女為對象的實驗性調查中，立維醫生還發現，那些悲觀的婦女病情惡化得比較快。

樂觀雖不能治療那些「不治之症」，但卻可以防止一般性疾病。

在一項長期研究中，研究人員調查了一群哈佛大學校友的健康史。被調查對象當時在班上的成績都是中等以上，健康狀況也十分良好。然而其中有些人生性樂觀，有些人卻悲觀消極。二十年之後，患有高血壓、糖尿病和心臟病等疾病的人中，悲觀者的人數遠遠超過了樂觀者。

悲觀的確是一種不易更改的習性，但這不是絕對的。在一連串讓人關注的研究中，美國伊利諾大學的凱羅爾・德維克醫生曾和一些小學低年級的學生相處了一段時間，她幫助學習效果不好的學生改變了他們對自己成績的解讀方式，從「我是個笨蛋」改為「我沒有用功讀書」，結果，這些學生在往後的考試成績上都有持續的進步。

要想告別不幸，只靠別人的幫助和安慰是無效的。因為你的所有情緒都是由你自己控制的，只有你自己想通了，並珍惜身邊所擁有的，你才能坦然地消化並接受所謂的不幸，讓自己開懷起來。

你可以隨時創造一種「我很快樂」的心境，想要多快樂，就會有多快樂。那麼，如何才能獲得快樂呢？下面幾個小技巧你可以試一下。

微笑

如果你一直使自己的情緒處於低落的狀態，例如你肩膀下垂，走起路來雙腿彷彿有千斤重似的，那麼你就真會覺得情緒很差。你要是一臉哭相，沒有人願意理睬你。那麼要怎樣改變呢？很簡單，你只要深吸口氣，抬起頭，挺起胸，臉上露出微笑，並擺出生龍活虎的架勢就行了。微笑同打哈欠一樣是會傳染的。如果你真誠地對一個人展顏而笑，他實在無法對你生氣。

放鬆

快樂的人總是這樣對自己說：我覺得快樂，我會在各方面做得越來越好，我會越來越快樂。當你反覆地對自己說這些話，如「我很放鬆」、「我很平靜」，等等，時間久了，這些話就會進入你的潛意識中。

憶趣

現在，我們一起來嘗試一下幻想愉快的心理圖像。首先，放鬆你的下巴，抬起你的臉頰，張開你的嘴唇，向上翹起你的嘴角，對自己說「憶些趣事」。把快樂圖像化，並像一部電視片一樣對自己播放，這就是愉快的心理圖像法。

你可以選擇一個快樂的角度去看待生活，也可以選擇一個痛苦的角度去對待人生。魚在水裏游來游去，那麼從容，那麼自在，牠的快樂全部瀰漫在水中。而我們人類的快樂全部藏匿在生活的每個角落，它們是那樣的簡單，簡單到只需人們用心去細細地品味。

4 改變自己對挫敗的態度

冷靜下來，總有辦法可想，許多人都是這樣走過來的。「做不好」比「不做」更好。

「世界上沒有什麼東西可以代替堅持不懈。聰明不能，因為世界上失敗的聰明人太多了；天賦也不能，因為沒有毅力的天賦，只不過是空想；教育也不能，因為世界上到處都可以見到受過高等教育的人半途而廢。如今，只有決心和堅持不懈才是萬能的。」美國作家卡文・庫利吉的一句話道出了堅持的重要性。

一個人看待挫折的態度，直接影響著他的行動力，可導致他的成功或失敗。挫折擺在眼前，這是一個殘酷的事實，除了接受它之外，另外該做的就是把它轉化成為一種助力，讓自己能撐著它攀上更高的山峰。

剛剛進入社會的年輕人在尋找工作時，總會因為資歷、相關工作經驗的缺乏，或所學與所想從事的職業不同而碰壁，不妨看看這樣一個例子。

易森一心想往廣告界發展，於是他寄出了自己的簡歷，卻沒得到任何一家公司的青睞。不甘心之餘，他決定打電話去問清楚：「為什麼不用我？」可能就是因為這股自信，這次他獲得了工作機會。易森後來成為傳媒界的傑出人士。當易森談起當年的求職經歷時，說：「我覺得我自己是屬於傳媒界的人，於是我寫信到各大廣告公司毛遂自薦，哪怕是讓我倒水、清垃圾都無所謂，只要給我機會。」

有一些人在找不到工作的時候，就會迷茫沮喪，但是還有一些人，他們會想盡辦法，擺脫困境。一位任職人力資源公司的主管談到多年工作的經驗時說：「冷靜下來，總有辦法可想，許多人都是這樣走過來的。『做不好』比『不做』更好。」

台灣有個「草莓族」的稱號，用來形容二十世紀六〇到七〇年代出生的這群人。因為這群人在工作上所展現出來的低抗壓性，遇到挫折時就放棄的那種態度，如同草莓一樣，雖擁有光鮮外表，但只要輕輕一壓，整個形狀就被破壞了。其實最根本的原因，就是這群人缺乏處理失敗的應變能力，他們不懂如何換個角度改變自己對失敗的想法。

有位業務員照例拜訪某公司，但他這次的運氣似乎不太好，被擋在了門外。

他只好把名片交給董事長的秘書，希望能和董事長見面。秘書看他十分誠懇，便幫他把名片交給了董事長。不出所料，董事長不耐煩地把名片丟了回去。很無奈的，秘書只得把名片還給站在門外的業務員。這位業務員不以為意地再次把名片遞給秘書：「沒關係，我下次再來拜訪，所以還是請董事長留下名片。」

拗不過業務員的堅持，秘書硬著頭皮，再次走進董事長辦公室。沒想到董事長這次火了，將那張名片一撕兩半，丟回給秘書。秘書不知所措地愣在當場。董事長更生氣了，從口袋裏拿出十塊錢，「十塊錢買他一張名片，夠了吧！」豈知當秘書遞還給業務員名片與錢後，這位業務員很開心地高聲說：「請你跟董事長說，十塊錢可以買兩張我的名片，我還欠他一張。」隨即又掏出一張名片交給秘書。突然，辦公室裏傳來一陣大笑，董事長走了出來，「不跟這樣的業務員談生意，我還找誰談？」

遭遇拒絕，是業務員每天都會碰到的場景。如果光是靠好的修養來保持自己的「風光」，即便超級業務員也有倒地不起的一天。能從別人設下的困局裏跳脫的人，都有一個本事，那就是他們善於逆向思考。當你不順著設局者的邏輯思考時，你才能出自己的招，去破解設局者的招數。說是阿Q精神也好，通常只有這樣的人才能成為一個主宰大

局的人。

當我們轉變想法時，就可以驅除失敗所帶來的負面情緒。若讓負面思考及恐懼侵蝕我們的心靈，那麼我們的整個世界就只剩下自我懷疑和恐慌而已。可是，一旦我們懂得如何控制自己的負面情緒，不讓其持續擴大，同時開始正面思考，就可以將「棍子」轉變為「權杖」，化「不可能」為「可能」。

一切再令人難堪的事情，只要你能使它們朝著正確的方向前進，都會成為好事。

把失敗看成是一次富有正面意義的教育，能從失敗中有所收穫，這是成功者所必須具有的一種絕佳心態。

生活中大大小小的錯誤，可能會嚇住許多人，讓我們心中不禁產生那種「一朝被蛇咬，十年怕井繩」的恐懼感。其實，這大可不必。換個角度來看，失敗也是一種收穫，需要你仔細診斷。對此，「發明大王」愛迪生似乎比所有人都認識得更深，實踐得更好。愛迪生為了得到一個正確的結果，往往要做上百次失敗的實驗，但他正是在不斷的失敗中找到了正確的理論方向。

為了發明電燈，愛迪生失敗了無數次。某次為了尋找最適合做燈絲的材料再次失敗後，愛迪生的助手歎著氣說：「唉，又失敗了。」「不，」愛迪生輕鬆地說，「錯了！這次我們又成功地找出了一種不適合做燈絲的材料。」

把失敗看成是一種富有正面意義的成果，成功者最懂得「失敗乃是成功之母」這句話的真正含義。他們往往會在失敗的教訓中獲益，然後從失敗走向成功，之前的失敗經驗反而是最輝煌的轉捩點。

當然，關鍵是你要從某次失敗中吸取教訓，並避免下次不再犯同樣的錯誤。只有愚蠢至極的人，才會在同一個地方被同一塊石頭絆倒兩次，這樣的人當然也學不會從失敗中吸取教訓，只會反覆讓自己陷入失敗中。

以下是常見的失敗原因，請找出你身上曾出現過的那幾項，並下定決心使它離開你：

- 渾渾噩噩，生活缺乏明確目標。
- 缺乏自律，飲食無法自我節制，對周圍環境漠不關心。
- 缺少雄心壯志。
- 因消極人生觀和不良飲食習慣造成的疾病。
- 兒時的不良影響。
- 缺乏堅持到底的毅力。
- 情緒起伏過大。
- 時常妄想不勞而獲。

- 即便機會近在眼前，仍然無法迅速做出決定。
- 婚姻生活不幸福或工作不順利。
- 與人言談，總措辭不當且缺乏耐性。
- 虛擲光陰和金錢。
- 無法和人融洽相處與合作。
- 缺乏洞察力和想像力。
- 受挫時報復欲望強烈。

我們還必須瞭解失敗的原因並不止這些，導致一個人失敗的原因，通常不止一種。

汪非年輕的時候，曾經在芝加哥創辦一份教導人們如何成功的雜誌。在初期汪非沒有足夠的資金創辦這份雜誌，所以他只好和印刷工廠合作。後來這一雜誌受到市場歡迎，暢銷數百萬冊。

然而，汪非卻沒有注意到自己的成功已對其他出版社造成了威脅。在他完全不知情的狀況下，一家出版社買走了他合夥人的股份，並接收了這份雜誌的出版權。當時汪非是以一種非常恥辱的心態，辭去了那份讓他充滿興趣的工作的。

上面所列的失敗原因中，有好幾項都是造成汪非失敗的原因。其中，最大的原因在於，他忽略了「和人融洽相處與合作」這一點，他常因為一些出版方面的小事同合夥人爭吵。當機會出現在他面前時，他並沒有掌握住它。汪非的自私和自負，應該要對這次失敗負上不少責任，而且他在業務上不夠謹慎，以及說話語氣太過強烈，也都是造成他失敗的原因。

但是，汪非卻能夠從這次的失敗中找到使自己成長的「種子」，讓他的事業得以重新萌芽、茁壯。後來，汪非離開芝加哥前往紐約，在那裏，他又創辦了一份雜誌。為了要達到完全控制業務的目的，他必須激勵其他只出資、但沒有實權的合夥人共同努力。他同樣必須謹慎地擬訂他的營業計畫，因為他現在只能靠他自己了。

不到一年的時間，新的雜誌的發行量就比之前那份雜誌的發行量多了兩倍多。其中一項獲利來源，是汪非所想出來的一系列函授課程，而這一系列的函授課程，就成了他創刊號的雜誌裏成功學主題所刊載的篇目。

當汪非離開芝加哥的時候，曾經一度處在彷徨之中。他那時其實可以放棄創辦雜誌的念頭，並接受他太太的建議，安穩地從事律師工作。但是，他在失敗中找到了使自己成長的「種子」，而且他精心培育這顆「種子」，以圓他人生最大

的夢想。

看來失敗也是一種收穫，你可以從失敗中學到更多。

失敗所顯露出的壞習慣，被你予以驅逐後，再以好習慣重新出發。

失敗幫你除去了傲慢自大，並以謙恭取代，而謙恭可使你得到更和諧的人際關係。

失敗幫你重新檢討你所處的位置，包括你的資產和能力，讓你接受更大的挑戰機會，增強你的意志力。

5 選擇前進的方向

記得有一句話這樣說：快些到達目的地，最重要的是方向，其次才是速度。

有一個故事是這樣的：「如果羅浮宮著火，你會救哪幅畫？」很多人要救「蒙娜麗莎」，著名作家貝爾納的回答是：「我救離出口最近的那幅畫。」他的理由是：「成功的最佳目標不是最有價值的那個，而是最有可能實現的那個。」

這則小故事告訴我們，選擇目標一定要選擇最有可能實現的那一個。因為當你追求最有價值的目標——「蒙娜麗莎」，很有可能你還未救出那幅畫，就葬身火海了。我們只能也最好是選擇最有可能實現的目標，也就是切合實際的目標。別人的目標是搶救最有價值的「蒙娜麗莎」，那位聰明的作家卻選擇最安全的那幅畫。

有三個年輕人一同結伴外出尋找發財的機會，他們來到了一個盛產蘋果的偏

僻山鎮，發現那裏的蘋果又紅又大，味道香甜。真的太好了。但由於地處山區，那裏的資訊、交通等都很不發達，這種優質的蘋果只能在當地銷售，且價格非常便宜。第一個年輕人望著那些蘋果，雙目發亮，傾其所有購買了一批蘋果運到大城市銷售；第二個年輕人用了少量的錢購買了一百棵蘋果樹苗帶回家種，三年來沒有一分收穫；第三個年輕人一連幾天圍著果園東看西看，後來他拿了一把泥土送到農科所化驗，分析出了泥土的成分、濕度等，用了三年時間培育出與那把泥土一樣的土壤……

十年過去了。

第一個年輕人依然每年購買那裏的蘋果運到大城市銷售。但因為當地交通、資訊已經發達了，競爭者太多了，他每年賺的錢很少，有時甚至賠錢。

第二個購買樹苗的年輕人早已擁有了自己的蘋果園，但因為蘋果園的土壤不同，長出來的蘋果較那個偏僻山鎮的蘋果有些遜色，但仍然可以賺到相當的利潤。

而第三個拿了一把泥土的年輕人，他培育出來的蘋果和那裏的蘋果不相上下，每年秋天都引來無數慕名而來的採購商競相購買，總能賣到最好的價錢……

每個人身上都有一種偉大的能力，這就是選擇的能力。但你要學會去運用這種能力，要選擇自己想要的，同時適合自己的方向。同時還要具有一定的目標，持久的行動執行力，夢想才會開花結果。

高爾夫球教練總是教導說：方向比距離更重要。因為打高爾夫球需要頭腦和全身器官的整體協調。每次擊球之前，選手都需要觀察和思考，需要靠手、臂、腰、腿、腳、眼睛等各部位的有效配合進行擊球。而擊球的關鍵則在於兩個「D」，即方向（Direction）和距離（Distance）。初學者中有不少人只想著把球打遠，而忽視了方向的重要性。其實，掌握好方向要比把球打遠更重要。

人生就像打高爾夫球，如果方向對了，即使走得慢，也能一步一步接近成功；可是如果方向錯了，不僅白忙一場，還可能離成功越來越遠。既然正確的方向對我們如此重要，那麼如何尋找正確的人生方向，就成了我們必須面對的難題。

那麼，怎樣才能找到適合自己的人生方向呢？

・讓心靈指引方向

在你做某件事情的時候，身邊可能有很多人幫你提意見。這些意見是多種多樣的，讓你一時之間迷失了方向。其實，每一個給你提出意見的人，都是帶有一定的自我心理傾向

的，他會在不自不覺中想要將他的想法強加給你，或者對你有一定的精神依託。

這個世界上，不會有比你更瞭解自己的人。所以在尋找人生方向的時候，一定要首先考慮自己喜歡的是什麼。只有喜歡，才能有激情，才能在追求理想的過程中感受到幸福和快樂，而不是一想到自己將做什麼事情，心裏就非常抵觸，感覺頭痛。

鋼琴家郎朗，在他剛開始彈琴時，家裏人並不支持，甚至還有些反對，但是他一直堅持自己的觀點，要彈琴，一定要在音樂的領域裏實現自己的人生價值。經過多方努力，家人終於不再阻止他，他也成功地走上了世界的大舞台。

選擇人生方向時，總會遇到許多的岔路口，但是不管處境有多麼艱難，我們都要注意傾聽自己內心的聲音，讓心靈為自己的人生導航。

・策劃人生具體的方向

很多人在規劃自己人生的時候，容易犯「空」、「大」的毛病。可能我們在想：我要買一座大房子，我要買車，我要開一家自己的公司……但是我們卻很少想到為了實現這樣的人生目標，具體應該怎麼做。

人生策劃必須是明確的、清晰的、具體的，還要具有一定的可行性。如果你單單說「我想出人頭地」，那麼是在哪一方面「出人頭地」？怎樣的程度才算是你心中「出人頭地」的標準？這些我們都必須要想清楚。

・人生定位要適當

人人都有欲望，都想過美滿幸福的生活，這是人之常情。但是，如果把這種欲望變成不正當的欲求，變成無止境的貪婪，那我們就在無形中成了欲望的奴隸。

在欲望的支配下，我們不得不為了權力、為了地位、為了金錢，而削尖了腦袋往裏鑽。我們常常感到自己非常累，但是仍覺得不滿足，因為在我們看來，很多人的生活比自己富足，很多人的權力比自己大。所以，我們別無選擇，只能硬著頭皮往前衝，在無奈中透支著體力、精力與生命。

所以，我們在進行人生定位時，一定要量力而為，找到最適合自己的方向，而不是任由自己的欲望支配，始終活在無法實現理想的痛苦裏。

「股神」巴菲特說過：「在你能力所及的範圍內投資，關鍵不是範圍的大小，而是正確認識自己。」所以，想要找準自己的人生方向，就必須先瞭解自己。

・反方向游的魚也能成功

人一旦形成了某種認知，就會習慣性地順著這種定式思維去思考問題，習慣性地按老

辦法來處理問題，不願也不會再轉個方向去解決問題，這是很多人都有的一種愚頑的「難治之症」。這種人的共同特點是習慣於守舊、迷信盲從，所思所行都是唯上、唯書、唯經驗，不敢越雷池一步。而要使問題真正得以解決，我們應改變這種認知，將大腦「反轉」過來。

當今社會，大多數企業都喊出了「換個方向就是第一」、「做一條反方向游的魚」等口號，因為人們已經發現，隨著社會競爭越來越激烈，單靠傳統的思想與做法是不可能有多少成功的勝算的。所以，掉轉方向，開闢一條全新的道路，不失為一種求發展的良策。

一八二〇年，丹麥哥本哈根大學物理教授奧斯特通過多次實驗證實存在電流的磁效應。這一發現傳到歐洲後，吸引了許多人加入電磁學的研究。英國物理學家法拉第懷著極大的興趣重複了奧斯特的實驗。果然，只要導線通上電流，導線附近的磁鍼立即就會發生偏轉，他深深地被這種奇異現象所吸引。當時，德國古典哲學中的辯證思想已傳入英國，法拉第受其影響，認為電和磁之間必然存在聯繫，並且能相互轉化。他想既然電能產生磁場，那麼磁場也能產生電。

為了使這種設想能夠實現，法拉第從一八二一年開始做「磁產生電」的實驗。幾次實驗都失敗了，但他堅信，從反向思考問題的方法是正確的，並繼續堅持這一思維方式。

十年後，法拉第設計了一種新的實驗，他把一塊條形磁鐵插入一個纏著導線的空心圓筒裏，結果導線兩端連接的電流計上的指針發生了微弱的轉動，電流產生了。隨後，他又完成了各種各樣的實驗，如兩個線圈相對運動，磁作用力的變化同樣也能產生電流。

法拉第十年不懈的努力並沒有白費，一八三一年，他提出了著名的「電磁感應定律」，並根據這一定律發明了世界上第一台發電裝置。

如今，法拉第的定律正深刻地改變著我們的生活。法拉第成功地提出了「電磁感應定律」，是人們通過反方向思考取得成功的一次有力證明。

通常情況下，**傳統的觀念和思維習慣常常阻礙著人們創造性思維活動的展開，而反向思維就是要打破固有模式，從現有的思路返回，從與現在思路相反的方向尋找解決難題的辦法。**常見的方法是，就事物的結果倒過來思考，就事物的某個條件倒過來思考，就事物所處的位置倒過來思考，就事物起作用的過程或方式倒過來思考。生活實踐也證明，逆向思維是一種重要的思考能力，它對人們的創造能力及解決問題的能力培養具有重要意義。

6 用好心情平衡壞情緒

上天賦予了人類同等的歡喜與哀愁，倘若你不懂得用好心情去平衡壞情緒，用新快樂去撫平舊傷痛，那就大大浪費了人類左右情緒的天賦。

有一個叫達馬奇的人，每次一和人發生爭執，就會以很快的速度跑回家去，繞著自己的房子跑上兩圈，然後坐在地上喘氣。達馬奇工作非常勤勞努力，他的房子越來越大，土地也越來越廣。

但不管房子和土地有多大，只要他因與人爭論而生氣，他就會繞著自己的房子跑兩圈。

「達馬奇為什麼每次生氣都要繞著房子跑兩圈呢？」所有認識達馬奇的人心裏都感到疑惑，但是不管他們怎麼問，達馬奇都不願意明說。

直到有一天，達馬奇很老了，他的房子和土地也太大了，他生氣時，仍拄著拐杖艱難地繞著房子轉，等他好不容易繞著房子走完兩圈，太陽已經下山了，他只得獨自坐在地上喘氣。

達馬奇的孫子在身邊懇求他：「阿公！您已經這麼大年紀了，這附近也沒有其他人的土地比您的更廣。您不能再像從前一樣，一生氣就繞著房子跑了。還有，您可不可以告訴我，您一生氣就要繞著房子跑兩圈的秘密？」

達馬奇終於說出了隱藏在心裏多年的秘密，他說：「年輕的時候，我一和人吵架、爭論、生氣，就繞著房子跑兩圈，邊跑邊想自己的房子這麼小，土地這麼少，哪有時間去和人生氣呢？一想到這裏，我的氣就消了，把所有的時間都用來努力工作。」

孫子又問道：「阿公，您年老了，又成了最富有的人，為什麼還要繞著房子和土地跑呢？」

達馬奇笑著說：「我現在還是會生氣，並且生氣時還是會繞著房子跑兩圈，邊跑邊想自己的房子這麼大，土地這麼多，又何必和人計較呢？一想到這裏，我的氣就消了。」

發現自己有了負面情緒的時候，不能首先把責任推給別人，而必須學會反省，看看自己的心智模式有哪些不妥的地方。只有自己不斷「照鏡子」，才能更清晰地認識自己，認清自己的優缺點，讓自己的潛能發揮得更為出色，更為淋漓盡致。

（一）當有負面情緒（生氣、悲傷、鬱悶、煩躁）等不舒服的感受時，你要能覺察到，然後告訴自己：「哦，這是負面情緒。」這時候，最重要的就是把注意力放在自己的內在，而不是那些引起你負面情緒的人和事物上。

（二）先觀察一下你此刻的肢體動作是什麼。把注意力放在自己的身體上面，可以讓你不至於完全陷入自己的情緒衝突當中。

（三）接下來，試著去看見自己在想什麼，就是去觀察自己的思想。如果你能夠聽見內在那個喋喋不休的聲音，你就是在觀察自己的思想。這時候，請你帶著理性和愛去觀察它。它只是一種思想，不代表你，不要去批判它，只需看著它。

（四）你此刻有什麼情緒？如何觀察自己的情緒？有些人連自己生氣了都不知道。其實，觀察情緒最簡單的方法就是去觀察自己的身體，因為情緒實質就是身體對思想的一個反應，只不過有的時候還沒有覺察到思想，情緒就起來了。感覺自己身體哪裏緊繃，胃部是否有不舒服的感覺，心中央是否緊繃或抽痛，身體是否顫抖，這些都是情緒在身上作用的結果。發現它，觀察它，允許它的存在，全然地去經歷它，不要抗拒。你會發現，你的全然接納和經歷會讓壞情緒更快消失，甚至轉化為喜悅。

當然，以上做法並不是提倡你將許多愁苦往內心的深處囤積，不是讓你外表佯裝堅強，內心卻五味雜陳。其實，你完全可以找一個自己喜歡的方式悄然釋放壞情緒。

一天，陸軍部長斯坦頓來到林肯面前，氣呼呼告訴林肯，一位少將用侮辱性的話指責他偏袒一些人。林肯建議斯坦頓寫一封內容尖刻的信回敬對方。

「可以狠狠地罵他一頓。」林肯說。

斯坦頓立刻寫了一封措辭強烈的信，然後拿給林肯看。

「對了，對了。」林肯高聲叫好，「要的就是這個！好好訓他一頓，真寫絕了，斯坦頓。」

但是當斯坦頓把信疊好裝進信封裏時，林肯卻叫住了他，問道：「你幹什麼？」

「寄出去呀。」斯坦頓有些摸不著頭腦。

「不要胡鬧。」林肯大聲說，「這封信不能發，快把它扔到爐子裏去。凡是生氣時寫的信，我都是這麼處理的。這封信寫得好，寫的時候你已經解了氣，現在感覺好多了吧？那麼就請你把它燒掉，再寫第二封信吧。」

林肯的做法，是給自己安上了一堵「防火牆」。煩惱既然來了，壞事既然碰著了，就找一些方法去平衡一下心情的「酸鹼值」吧。

藏心事要顧及體內容量

有人總是將委屈往肚裏吞，卻不知道要清除體內早就過時，或是已經快要忘記的舊煩惱。有時候，新愁一上心頭，舊恨也會跟著牽腸掛肚。越是收藏心事，就越會不快樂。

何不學習一下電腦系統清除垃圾檔案的功能。氣頭上的煩惱稍稍炒作就可，等那些煩惱褪了色之後，就讓它們煙消雲散吧。找一個心靈的「資源回收桶」，訓練一下善於遺忘的本領。沒必要讓苦悶在我們的人生中永遠保鮮，只要記得當下的淒美就可。至於那些心事，保存期限過後，就扔掉它們。

給壞情緒找一個出口

給壞情緒找一個出口——一個不妨礙別人的出口，讓它趕快溜走，而且走得越遠越好。否則，壞情緒越積越多，我們就會慢慢被它壓垮。而一旦讓壞情緒佔領我們的全身，我們就會在不堪重負之下匆忙給它一個出口——一個方向對準我們親人和朋友的出口，結果是傷了別人也毀了自己，一點壞情緒污染了一批人的天空。

愛自己

愛是最偉大的力量，要學會自我情緒的選擇。我們知道選擇不愛自己的空間，就是選擇了恐懼的空間、進攻性的空間、傷心的空間、憤怒的空間等；而選擇愛自己的空間，就等於擁有了信任的空間、理解的空間、尊重的空間、感恩的空間等。

在自我情緒管理中，「愛自己」是最有力的方式。通過「愛自己」的方式來改善自己的情緒，請參考以下建議：

- 不要宣揚主管與同事之間的過節。
- 相信每一個人都希望更好。
- 對自己或別人的缺點不去強化。
- 在生活中不要隨便顯露你的情緒。
- 不要逢人便訴說你的困難與遭遇。
- 不要一有機會就嘮叨你的不滿。

- 永遠不要去寫自己的傷感日記。
- 說話不要慌亂，走路要穩。
- 做任何事情都要有條不紊。
- 用心做任何事情，因為有人在關注你。
- 不要用缺乏自信的詞句。
- 不要常常反悔，對已經決定的事不可輕易地推翻。
- 每天做一件實事。
- 事情不順時，請深呼吸，重新尋找突破口。
- 不要刻意地把朋友變成對手。
- 對別人的過失、小錯誤不要斤斤計較。
- 不要有權力的傲慢及知識的偏見。
- 做不到的事情不要說，說了就要努力做到。
- 不玩弄小聰明，因為它會使你走向錯誤的方向。

7 機會就在你面前

印度河不遠的地方住著位波斯人阿里·哈法德，他曾經擁有大片的蘭花花園、稻穀良田和繁盛的園林，知足而富有。但是有一天，一位佛教僧侶前來拜訪他，向這位波斯人講述了鑽石的魅力。於是阿里·哈法德開始變得不知足，他變賣掉了農場，把家交給鄰居，然後踏上了美麗的「鑽石之路」。

但是他踏上的卻是一條不歸路。歷經滄桑的尋找結局是：他痛苦萬分地站在西班牙巴賽隆納海灣的岸邊，懷揣著那位僧侶激起的龐大財富的誘惑，將自己投入了迎面而來的巨浪中，永沉海底。

不過，幾十年後的一天，當哈法德的繼承人牽著駱駝到花園裏去飲水時，突然發現在那淺淺的溪底白沙中閃爍著一道奇異的光芒，他伸手下去摸起一塊黑石頭，發現石頭上有一處閃亮，如彩虹般美麗，原來這就是鑽石。他繼而又在花園

中發現了許多比第一顆更漂亮、更有價值的鑽石。

這就是印度「戈爾康達鑽石礦」被發現的經過。

哈法德老人尋找了一輩子的鑽石其實就在自家的後花園裏。

以這個故事為素材，美國演說家魯塞．康維爾進行了題為《鑽石就在你家後院》的著名演講，他的演講曾激勵起兩代美國人在自己的崗位上勤奮耕耘。

一個世紀後的今天，我們再次聆聽「戈爾康達鑽石礦」的發現經過，在拋開其純粹的偶然性和傳奇色彩後，我們依然會被故事背後的深刻寓意所震撼。

年輕人普遍存在著好高騖遠、貪逸惡勞、職業定力不夠等現象。一些人總是希望別人家的草地就是自己的，卻從不曾仔細關注過自己的腳下，不曾注意自己手頭的工作，不曾分析過手頭上的工作可能給自己帶來的財富。他們每天總是在羨慕別人的工作，甚至感歎成功者的機遇不可複製。

很多人，因為他們自身的成長經歷複雜，成長過程幾多反覆，在更多的時候，他們不是表現出對自己的自信，而是表現出一種茫然，不知所措。他們不能堅定自己的理想，又不能正確地正視現狀。他們認識不到態度決定一切，生活本身就是一種樂趣，而他們自己就是樂趣的主人。

如果我們能立足本職，勤勤懇懇、腳踏實地地在實踐中摸索，著眼未來，靈感和機遇同樣會垂青於我們。這山望著那山高，不想通過努力就企圖坐享其成，期待天上掉下餡餅，這樣的人永遠都不會成功。

須知，厚積才能薄發。如果沒有幾千次纖維材料的試用失敗，愛迪生也找不出新的發光體來延長燈絲的壽命，同樣，如果我們不能定下心來踏踏實實做好自己的本職工作，也談不上能有什麼發明與創造。因為那些在工作中有所發現、有所創新的成功人士，無一不是紮根於實踐，他們經歷多次的失敗，在無數次的摸索中才取得了後來輝煌的成績。

試想，如果哈法德能堅守自己的莊園，不被鑽石所誘惑，或許某一天他就能在經營自己的花園時發現鑽石，何必像那樣搭上性命還一無所獲呢？所以我們應該從這個故事中得到啟示。不要以為機會像一個常到你家裏來的客人，他在你門前敲著門，等待你開門把他迎接進來。恰恰相反，我們多數人的毛病是，當機會朝我們衝奔而來時，我們卻兀自閉著眼睛。很少人能夠去主動追尋那些機會，甚至在被機會絆倒時，他們還在想自己的機會在哪裏。

在森林中，一頭饑腸轆轆的獅子正在覓食，牠看到一隻熟睡中的野兔，正想把兔子吃掉時，卻又看到了一隻鹿從旁邊經過。獅子想，鹿肉要比兔肉實惠多

了，便丟下兔子去追捕鹿。但無奈，由於獅子太過饑餓，導致體力不支，牠沒有追上鹿。

等獅子放棄了那隻鹿，回到原地找兔子的時候，兔子也不見了。獅子難過地自言自語道：「我真是活該，放著眼前的食物不吃，偏要去追鹿，結果這兩樣都沒有得到。」

機會就擺在獅子的面前，牠只要一張嘴就可以吃到美味的食物，可是牠偏偏放棄了到嘴的美食，而去追捕難以得到的獵物。這個世界上，不正是有很多像獅子這樣的人嗎？他們放棄眼前的事物，去追尋虛無縹緲的東西，最終等他們醒悟、回過頭來的時候，曾經擺放在眼前的東西，也早已經不見了。

太多的人終其一生在等待一個完美的機會自動送上門，或者是千辛萬苦地去尋找這個合適的機會，以便他們可以擁有光榮的時刻。直到他們瞭解「機會要留給善於發現機會的人」時，已經晚了。

事實不正是如此嗎？在生活中，我們常常會捨近求遠，到別處去尋找發展機遇。而往往機遇就在我們的身邊，在我們的心裏。

8 養成不輕言放棄的習慣

大發明家愛迪生曾說：「我從來不做投機取巧的事情。我的發明除了照相術，沒有一項是由於幸運之神的光顧。一旦我下定決心，知道我應該往哪個方向努力，我就會勇往直前，一遍一遍地試驗，直到產生最終的結果。」

堅持不懈，不輕言放棄，不應該是一時的衝動，而是需要養成一種習慣。養成不輕言放棄的習慣，會讓你慢慢變得堅強，不把事情做完的話，你就會感到自己像隻沒有志氣的「懶蟲」。如果你不敢肯定能不能把工作完成，就很難開始做另外一件新的事情。這是很重要的一點。因為你現在從事的工作可能只花幾個小時就能完成，也可能要花許多年。但不管用多少時間，你都得面臨一個問題——是完成這件工作呢，還是放棄它？

那麼，你最好一開始就弄清楚自己是不是真的想要去完成這個任務，它是不是你有能力去完成的，要不然你何必花這些心力和體力呢？

如果你是某一領域的專業人士，你的成功目標就是成為這一領域的泰斗，那麼就不能是簡單地把計畫完成，你必須把作品展示出來，接受別人的評點。不要把你的小說只給一家出版社看，如果這一家出版社沒接受，就全盤放棄。你必須一直努力，把自己的小說寄給很多家出版社，一定要給自己的作品創造充分展示的機會。如果你為了完成這個計畫已經付出了很多，那就堅持下去，最艱難的時候，往往是離成功最近的時候。告訴自己，既然選擇了，就不要輕言放棄。說服自己，這就是最適合你的。

另外，不要輕易放棄做好人的信心。在現實生活中，有許多東西需要我們珍惜，需要我們不輕言放棄。人類社會之所以充滿溫情，在於主流社會推崇真、善、美。做好人，才會感到內心自在，你的生命裏才會洋溢著自由和幸福。

還有，絕對不要輕易放棄對自己的尊重。我們常常在鎂光燈下看成功人士的無限風光，時時感歎——為什麼別人那麼成功，自己卻這麼不濟？造物主怎能如此的不公，將美麗、智慧、健康通通饋贈給了別人，而自己卻這麼倒楣。真的如此嗎？人人有本難念的經。成功人士的內心其實也有很多痛楚，他們也不總是春光滿面。只是，經過剪輯、螢幕過濾，以及「蒙太奇」的技術化處理後，我們通常只能看到那些閃光點，只能看到他們「要風得風，要雨得雨」的樣子，只能看到他們的青春靚麗和倜儻風流。往往在他們發生意外時，我們才發現原來他們也與我們一樣。

第三，不要輕易放棄自己的夢想。總能看到或聽到一些人少年得志，十幾二十歲便紅遍大江南北，出入有寶馬，居家住別墅，貼身帶隨從。尤其是在這個資訊發達的時代，許多風光的藝人、運動員們，他們竟然比我們大多數人都年輕，而名聲抑或財富卻比我們要多得多。對此，我們可以祝賀與讚賞，卻沒必要羨慕，更沒必要自慚形穢。人生的目標不同，每一個人的人生都自有它的前進軌跡。古語說：「太公八十遇文王，老不老；甘羅十二為丞相，小不小。」保持一種恬淡的心態，從容地面對生活，自在即是成功。

第四，不要輕易放棄為這個時代而努力。我們看到歷史上有不少時代都群星璀璨、英雄輩出，而自己身處的時代，為什麼凡夫俗子如此之眾？於是慨歎這是一個大師匱乏的時代。別難過，也不要發慌。逝去了那麼好的歲月，大浪淘沙，沉澱下來的歷史河床中，我們自然能看見「大魚」。我們在自己所處的河流中衝浪，看見的必定多是「小蝦」。每個時代都能產生自己的英雄，若干年後，當後人檢索我們所處的時代時，同樣會讚歎這個時代的偉大。

當然，如果執著已久的目標一直沒有出現半點成功的跡象，甚至根本不可能成功，你只是礙於面子不好意思放棄，那就大膽些，改變自己，儘管去放棄。

英國著名詩人濟慈本來是學醫的，後來發現了自己有寫詩的才能，就當機

立斷，放棄了醫學，把自己的整個生命都投入到寫詩當中。他雖然只活了二十幾歲，但他卻為人類留下了許多不朽的詩篇。

伽利略原本是被送去學醫的。但當他被迫學習解剖學和生理學的時候，他卻偷著學習歐幾里得幾何學和阿基米德數學，偷偷地研究複雜的數學問題，當他從比薩教堂的鐘擺上發現鐘擺原理的時候，他才剛滿十八歲。

羅大佑的《童年》、《戀曲1990》等經典歌曲影響和感動了一代人。羅大佑起初也是學醫的，後來他發覺自己對音樂情有獨鍾，所以他棄醫從樂——事實證明他的選擇是對的。

俄羅斯著名的男低音歌唱家夏里亞賓也曾有此遭遇。十幾歲的時候，他來到喀山市的劇院經理處，請求經理聽他唱幾支歌，讓他加入合唱隊。但他正處在變音階段，結果沒被錄取。過了些年，他已成了著名歌唱家。一次，他遇到了高爾基，和這位作家談起了自己青年時代的遭遇。高爾基聽了，出乎意料地笑了。原來就在那個時候，他也想成為該劇團的一名合唱演員，而且……被選中了。不過，他很快就明白，自己根本沒有唱歌的天賦，於是又退出了合唱隊。

所以，除了堅守，我們也要學會放棄，放棄你不想做的事。我們要學會選擇，選擇你喜歡並擅長做的事。只是在放棄之前，一定要先問自己是否找到了更好的月台。

總而言之，隨時準備放棄，但不輕言放棄。這樣你就能做到在每一次放棄之前，都要深思熟慮一番；就會做到慎重面對每一次的放棄，減少日後不必要的後悔。

放棄自己不需要的，放棄不屬於自己的，放棄那些錯誤的選擇，在自己的人生道路上找到適合自己的人生座標。只有這樣，你才能夠充分發揮自己的聰明才智，改變你這輩子的命運，從而到達成功的彼岸。

第三章

放低姿態的生存之道

生活中，無論做任何事情，

都必須依靠人與人之間的交往與互助完成。

人與人之間離不開互求互助、互幫互援。

當人與人之間相互友愛、互相幫助依賴時，

我們就生活在天堂裏，反之，我們就去了地獄。

你會選擇住在地獄還是天堂？

1 放下無謂的「面子」

生活對人們說：「你必須求人。」

戰國時期，有個名叫許行的楚國人來到滕國，他和自己的幾十個門徒穿著粗麻織成的衣服，靠編草鞋、織席謀生，以能自耕自足，不求他人為樂，並據此指責滕國的國君不明事理。因為在許行看來，人不能依賴別人，不能向人求助。所以身為一個真正賢明的國君，他既要替老百姓服務，同時還要和老百姓一樣自耕自食；如果自己不耕種而要別人供養，那就不能算作是賢明的國君。

一個叫陳相的人把許行的所作所為及其主張告訴了孟子。

孟子問陳相：「許行一定只吃自己耕種收穫的糧食嗎？」

陳相回答：「是的。」

孟子接著又問：「那麼，許行一定自己織布才穿衣嗎？他戴的帽子也是自己做的嗎？他煮飯的鐵甑都是自己親手澆鑄的嗎？他耕作用的鐵器也都是自己親手打製的嗎？」

陳相回答說：「都不是的。這些物品都是他用米、草鞋、草席這些東西換來的。」

孟子說：「既然是這樣，那就是許行自己不明白事理了。」

孟子和陳相的對話，明白地指出我們的衣、食、住、行，等等，只要我們想在社會上生存下去，就必須有求於人，即使你擁有上億財產，也不見得買得到你真正想要或需要的東西。

很多人信奉「萬事不求人」或「求人不如求己」的原則，認為請求別人幫助是自己無能的表現，似乎有些丟臉。這種看法是偏頗的。人與人之間的互相幫助是生存與生活的必然現象，而非「無能」或「丟臉」。因此要找人辦事，就必須學會求人，就必須要「打死心頭火」。如果像張九成那樣一聽到對方的話不對自己胃口，馬上就「火冒三丈」，這樣是難以悟到求人成事的要義的。

要求人，臉皮薄可不行。所謂「人在屋簷下，不得不低頭」。求人成事，臉皮薄、放不下清高的架子是不會成功的。

如美國著名企業家艾科卡的故事。

二十世紀八〇年代，艾科卡由於遭人嫉妒和猜忌被老闆免去了福特汽車公司總經理的職務。面對打擊，他沒有消沉，而是立志重新開創一片天地。為此，他拒絕了數家優秀企業的招聘，而接受了當時瀕臨破產的克萊斯勒公司的邀請，擔任總裁。

到任後，他首先實施以品質、生產力、市場佔有率和營運利潤等因素來決定紅利的政策。他規定主管人員如果沒有達到預期的目標就扣除百分之廿五的紅利；他還規定在公司尚未走出困境之前，最高管理階層各級人員減薪百分之十。

這一措施推出後，有人反對，有人贊成。反對的人是公司的元老，他們認為這樣做損害了他們的利益。艾科卡冷靜地對待這一切，並且自己只拿一美元的象徵性年薪，讓反對他的人無話可說。

為了爭取到政府的貸款，艾科卡四處遊說，到處找人，求人，接受國會各小組委員的質詢。有一次，由於過度勞累，導致他眩暈症發作，差點暈倒在國會大廈的走廊上。為了求人成功，艾科卡把這一切都忍了下來。終於，他領導著克萊斯勒公司走出了困境。到一九八五年第一季度，克萊斯勒公司獲得的淨利高達五億多美元。艾科卡也從此成為美國的傳奇人物。艾科卡之所以能取得巨大的成功，其秘訣就是「打死心頭火」。

然而這裏的「心頭火」指的是一個人高傲的自尊，而不是那種為了目標努力耕耘、勇往直前的熱情。

求人時最忌諱的便是因為面子問題而發怒。發怒的結果非但不能解決問題，反而得罪了能幫助你的人。求人遭遇刁難時，不妨先按捺住自傲的火氣，拿出你的熱忱，讓別人看見你真正的需要，讓別人瞭解你的目的。張三拒絕了你，不妨找李四，李四拒絕了你，再找王五，總會找到肯幫助你的人。千萬別為了一時的面子，而忘了求人的真正目的是「解決問題」

當然，我們提倡的「放下面子」，並不是讓你彎腰駝背，低三下四，只是讓你放下「不必要」的面子，大膽地跨出去。

唐代詩人白居易十六歲到長安應試，向當時的名士，也是著名的詩人——顧況求助，希望對方能推薦自己。

當時，白居易還只是一個無名小輩，地位已經很高的顧況自然瞧不起這個年

輕人。一看見白居易姓名中的「居易」二字，顧況就嘲笑他說：「長安米貴，居不大易。」

顧況言下之意是非常明顯的，就是我為什麼要幫助你這個無名小輩呢？並且幫助你在長安成名又有什麼意義呢？但當顧況接著看白居易遞上去的詩作，翻閱到其中《賦得古原草送別》一首時，不由得精神頓時清爽起來。

離離原上草，一歲一枯榮。

野火燒不盡，春風吹又生。

遠芳侵古道，晴翠接荒城。

又送王孫去，萋萋滿別情。

這首詩寫得極有氣勢，把自然界的草木榮枯與人生的離合悲歡聯繫起來，特別是「野火燒不盡，春風吹又生」一句，表現出一種飽受摧殘，而仍然不屈不撓、奮發豪邁的精神。見此，顧況不由得擊節讚歎，改口稱讚說：「有才如此，居亦易矣！」顧況認為白居易是個值得自己幫助的青年，於是答應了白居易的求助，幫助白居易廣交長安名人雅士，並在仕途上助他一臂之力。

白居易以不卑不亢的態度，用過人的才華為自己贏得了成功的機會。求人時，不妨想想你有什麼地方值得讓人幫助你的。向人借錢，是不是該讓他知道你有多少還錢的實力？向人求工作，是不是該讓他知道你的工作能力能為他帶來多少利潤？向人求愛，是不是該讓對方曉得你值得對方愛的優點？

求人不必總是低聲下氣，但也用不著狂妄自大。如果你是求人時的強者，則完全沒有必要擺出居高臨下的樣子，而應該表現出自己的平易近人，要開朗、熱情、主動，要目中「有人」，尊重對方，再配上微微一笑，使對方感到親切而溫暖；這樣，就會給雙方創造出一種友好親切的氣氛，解除那些由於你的身分、你的背後的權力與經濟實力加在對方頭上的沉重壓力。總之，身為強者的你應該放下架子，以縮短雙方的距離，激發雙方思想感情上的共鳴，以謙和的態度贏得對方信任，並達到自己求人成事的目的。

而作為地位比對方低的求人成事者，則應該不為對方的權勢所動，不為對方的身分、地位所左右，克服畏懼、緊張、羞怯、遮掩的不良心態，大膽地表明自己的來意。應使自己振作起來，以一種「人對人」的不卑不亢態度來與對方會談，盡可能地展示自己的才華，這樣才能在求人成事時獲得成功。

2 有一種智慧叫愚笨

「萬事不求人」，只能顯示你內心的脆弱。你求人幫助時表現出低姿態，只是向對方說明在這件事情上，你的實力不如對方，你需要對方的說明，與你的尊嚴無關。

自古以來，凡成功者都懂得放低姿態。

周文王棄王車陪姜太公釣魚，從而滅商，建周，成為一代君王；劉備三顧茅廬拜得諸葛亮為軍師，促成三國鼎立。這些都是我們耳熟能詳的故事。如果沒有周文王及劉備的低姿態，他們哪能求得赫赫成績，從而流芳百世。

有一位博士在找工作時，被許多家公司拒之門外，萬般無奈之下。博士決定換一種方法試試。他收起所有的學位證明，以一種最低的身分再去求職。不久，他被一家電腦公司錄用，做了一名最基層的程式錄入員。沒過多久，上司就發現他才華出眾，竟然能指出程式中的錯誤，這絕非一般錄入員所能比的。這時，博士亮出了自己的學士證書。於是老闆給他調換了一個與本科畢業生對口的工作。過了一段時間，老闆發現他在新的崗位上也遊刃有餘，能提出不少有價值的建議，這比一般大學生高明，這時博士亮出自己的碩士身分，老闆又提升了他。有了前兩次的經歷，老闆也比較注意觀察他，發現他還是比碩士有水準，就再次找他談話。這時博士拿出博士學位證明，並說明了自己這樣做的原因。老闆恍然大悟，毫不猶豫地重用了他。

在社會上對人低頭，有時是你的生活方式或工作方式中的一種。它與你的道德和氣節毫無關係。當你遇到一扇很低的門的時候，你昂首挺胸地過去，肯定要把腦袋碰一個包。明智的做法只能是彎一下腰，低一下頭，讓那扇很低的門顯得比你高就成了。

你需要找工作，需要調動工作，需要開拓更廣泛的人際關係，在這所有的活動之中，你可能都處於一種求人的地位，處於一種必須表現低姿態的格局之中。

在這種情況下，必須首先學會低姿態。如果你放低姿態後卻老想著別人可能會很傲慢地對待你，會輕視你，會對你視而不見，甚至會侮辱你，把你趕出門去……這樣你就容易退縮，就喪失了勇氣。正因為如此，你可能就打出了「萬事不求人」的招牌，寧可忍受不

辦事的後果，忍受不辦事的麻煩，把事情擱置起來，也不去求助於人。這說明你是脆弱的。你怎樣看待你自己是一回事，別人怎樣看待你卻又是另一回事。你應該把別人怎樣看待你和你自己怎麼看待自身的價值分開。

當你求助於人的時候，你內心的精神支柱應是你內在的尊嚴，而你內在的尊嚴是完全擺脫他人對你的看法和評價而獨立存在的。你的內在的尊嚴是你對你自己生命價值的肯定，它和別人的看法無關。

你去求助於別人，並不說明別人比你更有價值，或說明別人比你更有尊嚴。它只說明：在你要辦的這件事上，別人由於種種原因，比你有更多的主動權。因為主動權操之於人，所以你要表現出低姿態。你表現出了低姿態，只是向對方說明在這件事情上，你的實力不如對方，你需要對方的說明，並不說明你的人格低賤。

你有你自己的優勢，而在你實力不足的領域之中，你就需要求別人辦事以解決自己的問題。正如你找醫生看病要付錢一樣，你找別人辦事就要付出一定的外在面子，這是你向對方顯示低姿態的一種具體的代價。

如果你想把事情做成，就得以一種低姿態出現在對方面前，表現出謙虛、平和、樸實、憨厚，甚至愚笨、畢恭畢敬，使對方感到自己受人尊重，自己比別人聰明，那麼在談事時對方就會放鬆警惕。當事情明顯有利於你的時候，對方也會不自覺地以一種高姿態來對待你。

其實，你以低姿態出現只是一種表像，是為了讓對方從心理上感到一種滿足，使對方願意合作。實際上，越是表面謙虛的人，就越是非常聰明的人，越是工作認真的人。當你表現出大智若愚來，使對方陶醉在自我感覺良好的氣氛中時，你就已經「受益匪淺」，並已經完成了工作中很重要的那一半了。

你謙虛時，就顯得他高大；你樸實和氣，他就願意與你相處，認為你親切、可靠；你恭敬順從，他的指揮欲就得到滿足，認為與你很合得來；你愚笨，他就願意幫助你。這對你是非常有利的。相反，若你以高姿態出現，處處高於對方，表現出咄咄逼人的態度，對方心裏就會感到緊張，同時做事就沒數了，而且對方還會對你產生一種逆反心理。因此，為了把事情辦成，不妨常以低姿態出現在別人面前。

學會在適當的時候，保持適當的低姿態，絕不是懦弱的表現，而是一種智慧。放低姿態，既是一種生活態度，也是一種作為。學習謙恭，學習禮讓，學習盤旋著上升，這既是人生的一種品味，也是一種境界，能讓我們腳踏實地攀上成功的高峰。

3 有病不能亂投醫

鬼谷子曾經說過：「與智者言依於博，與博者言依於辯，與辯者言依於事，與貴者言依於勢，與富者言依於豪，與貧者言依於利，與戰者言依於謙，與勇者言依於敢，與愚者言依於銳。」「說人主者，必與之言奇，說人臣者，必與之言私。」

有病不能亂投醫，求人辦事之前，一定要對辦事對象的情況作客觀的瞭解。只有知己知彼，才能針對不同的對手，採取不同的會談技巧。辦事時要見什麼人說什麼話，說話不看對象，就達不到求人辦事的目的，就不能順利地把事情辦好。因此在求人辦事的過程中，一定要根據各種人的身分地位、性格愛好和其心理採取不同的處理方式，並把握分寸，才能把事情辦好。

有個叫劉至的人在吏部做官，提拔了很多同鄉人。魏明帝察覺之後，便派人去抓他。劉至的妻子在他即將被帶走時，趕出來告誡他說：「明主可以理奪，難以情求。」意思是讓他向皇帝申明道理，而不要寄希望於哀情求饒。因為，依皇帝的身分地位，是不可能隨便以情斷事的。皇帝以國為大，以公為重，只有以理斷事和以理說話，才能維護好國家利益和他作為一國之主的身分地位。

於是，當魏明帝審訊劉至的時候，劉至直率地回答說：「陛下規定的用人原則是『唯賢是舉』，我的同鄉我最瞭解，請陛下考察他們是否合格，如果他們不稱職，臣願受罰。」魏明帝於是派人考察劉至提拔的同鄉，發現他們倒都很稱職。最後，魏明帝將劉至釋放了，還賞了他一套新衣服。

說話要考慮對方的身分地位。劉至提拔同鄉，根據的是朝廷制定的薦舉制度。不管此舉妥不妥當，它都合乎皇帝在其身分地位上所認可的「理」。劉至的妻子深知跟皇帝難於求情，卻可以「理」相爭，於是叮囑劉至以「舉爾所知」和用人稱職之「理」，來規避提拔同鄉、結黨營私之嫌。

求人辦事，除了要考慮對方的身分以外，還要注意觀察對方的性格。一般說來，一個人的性格特點往往通過他自身的言談舉止、表情等流露出來，如那些快言快語、舉止簡潔、眼神鋒利、情緒易衝動的人，往往是性格急躁的人；那些直率熱情、活潑好動、反應

迅速、喜歡交往的人，往往是性格開朗的人；那些表情細膩、眼神穩定、說話慢條斯理、舉止注意分寸的人，往往是性格穩重的人；那些安靜、抑鬱、不苟言笑、喜歡獨處、不善交往的人，往往是性格孤僻的人；那些口出狂言，自吹自擂，好為人師的人，往往是驕傲自負的人；那些懂禮貌、講信義、實事求是、心平氣和、尊重別人的人，往往是謙虛謹慎的人。對這些不同性格的談話對象，一定要具體分析，區別對待。

《三國演義》中，馬超率兵攻打葭萌關的時候，諸葛亮私下對劉備說：「只有張飛、趙雲二位將軍，方可對敵馬超。」

這時，張飛聽說馬超前來攻關，主動請求出戰。諸葛亮佯裝沒聽見，對劉備說：「馬超智勇雙全，無人可敵，除非往荊州喚雲長來，方能對敵。」

張飛說：「軍師為什麼小瞧我！我曾單獨抗拒曹操百萬大軍，難道還怕馬超這個匹夫！」

諸葛亮說：「馬超英勇無比，天下的人都知道，他渭橋六戰，把曹操殺得割須棄袍，差一點喪命，絕非等閒之輩，就是雲長來也未必能戰勝他。」

張飛說：「我今天就去，如戰勝不了馬超，甘願受罰！」

諸葛亮看「激將」法起了作用，便順水推舟地說：「既然你肯立軍令狀，便可以為先鋒！」

性格有時會影響做事的效果。諸葛亮針對張飛脾氣暴躁的性格，常常採用「激將法」來說服他。每當遇到重要戰事，先說他擔當不了此任，或說怕他貪杯，酒後誤事，激他立下軍令狀，從而增強他的責任感和緊迫感，激發他的鬥志和勇氣，掃除他的輕敵思想。

我們在辦事時，被求者的情況有種種不同，如對方的興趣、愛好、長處、弱點、情緒、思想觀念等，這些都是需要注意的內容。但一個人的身分與性格無論如何是很重要的「情況」，不得不優先注意。因此，我們在求人辦事之前，一定要對辦事對象的情況作客觀的瞭解。

比如，那些知識高深的對象，他們對知識性的東西抱有極大的興趣，不屑聽膚淺、通俗的話，應充分顯示你的博學多才，多作抽象推理，致力於對各種問題之間內在聯繫的探討。

從語言瞭解對方，是取得勝利的關鍵。我們可以從對方言談的微妙之處觀察其性格特徵和內心活動。在談吐中常說出「果然」的人，他們自以為是，強調個人主張；經常使用「其實」的人，他們希望別人注意自己，任性、倔強、自負；經常使用「最後怎麼怎麼」一類詞彙的人，大多是其潛在的欲求未能得到滿足。

說話前還要揣摩對方的心理。通過對方無意中顯露出來的態度及姿態瞭解對方的心理，有時能捕捉到比對方語言表露更真實、更微妙的思想。例如，對方抱著胳膊，表示他在思考問題；對方抱著頭，表明他一籌莫展；對方低頭走路，步履沉重，說明他心灰意冷；對方昂首挺胸，高聲交談，是自信的流露。如果一位女性一言不發，只是揉搓手帕，說明她心中有話，卻不知從何說起。真正自信而有實力的人，反而會謙虛地聽取別人的講話。如果一個人經常抖動雙腿，常常是他內心不安、苦思對策的舉動，若是雙腿輕微顫動，就可能是他心緒悠閒的表現。

對辦事對象的瞭解，不能停留在靜觀默察上，還應主動偵察，採用一定的偵察對策，去激發對方的情緒。這樣才能夠迅速準確地把握對方的思想脈絡和動態，從而順其思路進行引導，促使談話成功。

4 相信就是力量

相信就是力量，人與人之間的信任有時能發揮與信仰相同的爆發力。

戰國時期，魏文侯派樂羊攻打中山國時，當時就有人勸魏文侯說：「樂羊的兒子樂舒在中山國位居高官，怎麼能讓樂羊擔任大將？」

魏文侯經過考慮後，決定還是派樂羊去。

樂羊到中山國後，駐兵三月未攻，因為當時中山國君屢次讓樂舒去找樂羊，要他延緩進城。消息傳到魏國，大臣怨聲鼎沸，而魏文侯卻對樂羊深信不疑。

樂羊不攻城，其實有他自己的道理：「我要讓中山國的百姓看到他們的國君是怎樣的不講信用。」後來，中山國國君為了脅迫樂羊，把他兒子煮成肉羹，差人送給樂羊。樂羊坐在軍帳裏端著肉羹吃了起來，一碗吃盡了，立刻下令攻城。

中山國國君這樣的舉動讓百姓大失所望。樂舒並未背叛他，而且還成功地讓樂羊延緩攻城，讓他有時間與大臣們商議對策。但中山國國君卻反而殺了樂舒，還殘忍地將他煮成肉羹送入他父親的口中。中山國的百姓知道了自己的國君如此對待對國家有功的樂舒，便知道他根本不可能保全自己一家大小的安全。

由於中山國國君失去了百姓的信任，所以一戰即敗，魏軍迅速佔領了中山國。樂羊凱旋時，魏文侯親自出城迎接，還大擺宴席為他慶功。在宴席上，魏文侯賜給樂羊兩箱禮物。樂羊回家打開箱子一看，發現箱子裏全是大臣們彈劾他的奏章。

第二天，樂羊就前去謝恩。

魏文侯說：「我知道，只有你才能擔當這一重任。」

以上就是著名的「樂羊不攻城」的故事。信任的力量在這個故事中產生了兩極化的結果：中山國因此亡國；魏文侯因此得一忠誠猛將。魏文侯如此信任樂羊，是因為他對樂羊有充分地瞭解。但是，在我們求人與助人的過程中，如果信任那些自己不瞭解的勢利小人，則會給自己帶來無窮的禍害，就如同故事中可憐的樂舒。

但是如何能夠知道哪些人是足以信任的，哪些人又是不能信任的呢？不妨看看漢朝的汲黯是怎麼分辨的。

漢武帝的大臣汲黯是個威武不屈的忠義之臣。在他位居高官時，許多人到他的家裏來拜訪，向他求助。他家裏常常高朋滿座，家裏的門檻都被踏壞了。

後來由於汲黯直言上諫激怒了漢武帝，被免去了官職。這時，他過去的那些朋友一個也不來了，家門前可謂門可羅雀。不僅如此，那些朋友還在背後恣意攻擊他，把他過去對他們說的知心話廣為傳播，四處敗壞他的聲名。

後來，汲黯官復原職，一些中斷來往的「昔日」朋友又想來拜會他，向他求助。結果，當然遭到了他的憤然拒絕，因為他已嘗到信任這種勢利小人的苦頭，不想再重蹈覆轍。

能夠在危難時不離不棄並伸出援手的朋友，才是足以信任的。魏文侯之於樂羊是這樣，汲黯的「昔日朋友」之於他，更是告訴我們，怎樣的朋友才是可以信任的。

忠誠待人，才會對人有信用，在你需要幫助的時候，就可以利用這種信任。就像你把上次借來的財物及時歸還他人，必然能獲得他人下次的援助一樣。這就是人們常說的：「有借有還，再借不難。」如果你借錢不還，誰還會再借給你？

求人時，自己既要守信用，同時也要信任那些忠誠的人，那些經過長期考驗、值得依賴的人，同時不輕信小人，你才能在適當的時候得到適當的幫助，避免禍害、萬事亨通。「君子一言，駟馬難追」，講的是做人的誠信問題。一個不講信用的人，是為人所不齒的。現在的生意場上，很多公司、企業都做廣告，做宣傳，就是為了樹立公司、企業在公眾中的形象，就是想提高公司、企業的信用度。公司、企業的信用度高了，自然會促成生意的成交。

人無信不立。信用是個人的品牌，是辦事的無形資本。有形資本失去了，還可以重新獲得，而無形資本失去了，就很難再重新獲得。所以無論在任何情況下，都不能透支無形資本。

諸葛亮有一次與司馬懿交鋒，雙方僵持數天，司馬懿就是死守陣地，不肯向蜀軍發動進攻。諸葛亮為安全起見，派大將姜維、馬岱把守險要關口，以防魏軍突襲。

這天，長史楊儀到帳中稟報諸葛亮說：「丞相上次規定士兵一百天一換班，今已到期，不知是否……」

諸葛亮說：「當然，依規定行事，交班。」

眾士兵聽到消息，立即開始收拾行李，準備離開軍營。忽然，探子報魏軍已殺到城下，眾士兵一時慌亂起來。

楊儀說：「魏軍來勢兇猛，丞相是否把要換班的四萬軍兵留下，以退敵急用？」諸葛亮擺手說：「不可。我們行軍打仗，以信為本，讓那些換班的士兵離開營房吧。」

眾士兵聞言，感動不已，紛紛大喊：「丞相如此愛護我們，我們無以報答丞相，決不離開丞相一步。」

蜀兵人人振奮，群情激昂，奮勇殺敵。魏軍一路潰散，敗下陣來。

諸葛亮向來恪守原則，換班的日期來到，即毫不猶豫地交班，就是司馬懿來攻城也不違反原則。他以信為本，誠信待人，終於完成了他的「傑作」。

顧炎武曾以詩言志，「生來一諾比黃金，那肯風塵負此心」，表達自己堅守信用的態度。言必信，行必果。不但是對人的尊重，更是對己的尊重。

當朋友托我們給他辦事時，我們提供一點幫助，是在情理之中。但是，辦事要量力而行，不要做「言過其實」的許諾。因為，諾言能否兌現，除了個人努力的程度外，還受客觀條件的制約。平時可以辦到的事，由於客觀環境變化了，一時又辦不到，出現這種情形

是常有的事。因此就需要我們在朋友面前不要輕率地許諾，更不能明知辦不到的事還「打腫臉充胖子」，在朋友面前逞能，許下「寡信」的「輕諾」。

當你無法兌現諾言時，不僅得不到朋友的信任，還會失去更多的朋友。

5 讚美是人際交往的「助推器」

求人時還要懂得利用語言的表達效果，與對方達到感情的共鳴、思想的溝通，從而達到自己求人的目的。好的話題能讓談話雙方的距離從無限遠到零距離。

在這個社會上，會說讚美話的人，肯定比較吃香，他辦事順利也就順理成章了。當一個人聽到別人的讚美時，心中總是非常高興的，他臉上堆滿笑容，口裏連說：「哪裏，我沒那麼好，你真是很會講話。」即使事後回想，明知對方所講的可能是恭維話，卻還是沒法抹去他心中的那份喜悅。

因為，愛聽溢美之辭是人的天性，虛榮心是每個人都具有的弱點。當你聽到對方的吹捧和讚揚時，心中會產生一種莫大的優越感和滿足感，自然也就會高高興興地聽取對方的建議。

某人到私人商攤處買衣服，在試衣時，賣主驚歎道：「啊！真漂亮！你穿起來非常合身，還顯得樸素、大方、有風度。你比以前年輕了好幾歲。」那人聽了非常高興，本來是不想買那件衣服的，卻買回來了。

要想在辦事時求人順利，首先就要澄清自我的主觀意識，儘快地養成隨時都能讚美別人的習慣。俗話說「習慣成自然」，當讚美別人已經變成你的習慣時，你的辦事能力就會相應提高。

對上級來說也是如此，你求上級辦事，讚美他是理所當然的。你讚美了他，他也會反過來重視你。得到恭維的人，是不會放著對方的難題不管的。

因此，要想求領導辦事，就必須掌握「會說讚美話」這一條。會說話和辦事是相輔相成的。話說得好聽，說得到位，領導便易於接受你提出的條件和要求，否則即便是一件簡單的事情，你也很容易辦砸。要想把事情辦成功，總得揀對方愛聽的話說，才有利於事情解決。所以，要學會說讚美的話。

讚美是人際交往的「助推器」，好好地運用它，一定會令你事半功倍。因為每個人在內心都有一種「被承認」的欲望，都希望得到他人的肯定。他人的肯定能幫助你提高自己的積極性。當一個人自認為這件事非自己不能辦成，那麼他就會盡最大的努力去辦，當他辦成之後，會有很高的成就感；反之，當一個人對一件事情不以為然的時候，他做事就會消極被動，即使成功了，也沒有多大的喜悅。

如果能夠利用這種心理作用，就能夠激發他人為你辦事的熱情。那麼，具體如何去激發呢？當然是給對方積極的暗示，暗示某件事非他才能辦好。

「別人我不知道，你，我是知道的。你一定有辦法幫我搞定這件事。」即使是很難辦成的事，因為你這句話，對方也會努力去做，不讓你失望。同時你的鼓勵還能引發對方的潛能。

有時候，別人會以忙為由拒絕了你。如果你說，「我當然知道你很忙，就是因為你很忙，我才放心讓你幫忙。」對方可能會轉變對你的態度。

讚美不等於奉承，欣賞不等於諂媚。恭維與欣賞一個人的某個特點，意味著你肯定這個特點。只要是優點，是長處，對集體有利，你就可以毫不顧忌地表達你的讚美之情。我們每個人都需要從別人的評價中瞭解自己的成就以及自己在別人心目中的地位。當受到稱讚時，你的自尊心會得到滿足，並對稱讚者產生好感。學會說讚美的話，當你托人辦事時，你將會領悟到其中的妙用。

6 讓他人主動幫忙的技巧

生活中，向人求助時，別忘了要循序漸進，逐步操縱對方，因此，掌握一些策略和技巧是必要的。

一階一階往上登

要是一下子向別人提出一個較大的要求，別人一般很難接受，而如果你逐步提出要求，不斷縮小差距，別人就比較容易接受，這就是所謂的「登門檻效應」。

一列商隊在沙漠中艱難地前進，晝行夜宿，日子過得很艱苦。

一天晚上，主人搭起了帳篷，在其中安靜地看書。忽然，他的僕人伸進頭來，對他說：「主人啊，外面好冷啊，您能不能允許我將頭伸進帳篷裏暖和一下？」主人很善良，欣然同意了僕人的請求。

過了一會，僕人又說道：「主人啊，我的頭暖和了，可是脖子還冷得要命，您能不能允許我把上半身也伸進來呢？」主人又同意了。可是帳篷太小，主人只好把自己的桌子向外挪了挪。

又過了一會兒，僕人再次說：「主人啊，能不能讓我把腳伸進來呢？我這樣一部分冷，一部分熱，又傾斜著身子，實在很難受啊。」主人又同意了。可是帳篷太小，兩個人實在太擠，主人只好搬到了帳篷外邊。

當個體先接受了一個小的要求後，為保持形象的一致，他可能會接受另一個重大的、更不合意的要求，這叫作「登門檻效應」，又稱「得寸進尺效應」。

這主要是由於人們在不斷滿足別人的小要求的過程中已經逐漸適應，意識不到別人逐漸提高的要求已經大大偏離了自己的初衷。

「登門檻效應」通俗地說，就像我們登台階一樣，我們要走進一扇門，不可以一步飛躍，只有從腳下的台階開始，一個台階、一個台階地登上去，才能最終走進門裏。

想操縱對方，讓對方做一件事，如果直接把全部任務都交給對方，往往會讓對方產生畏難情緒，拒絕你的請求；而如果將任務化整為零，先請對方做開頭的一小部分，再一點

一點請對方做剩下來的部分，對方往往就會想，既然開頭都做了，就善始善終吧，於是就會順利把任務完成。

告訴他，他不做是因為他不敢去做

人的心理有一種特性，往往越受壓迫，所起反抗心越強。如果你想要他人辦一件什麼事，在請求沒有用的情況下，你可以反向刺激他，將他激怒。

「你不去做，是因為你不敢去做吧？」

「我想你可能也沒什麼辦法。」

你這樣說，對方心裏一定會想：「誰說我不敢？」

「你怎麼知道我沒有辦法？」

「我偏要做給你看！」

這樣，你就達到了自己的目的。

在《西遊記》中，孫悟空就經常對豬八戒使用激將法，讓他主動去降妖。激將法往往能在爭強好勝、虛榮的人身上起到比較明顯的作用。

比如，你去逛商店，售貨員看你穿戴不怎麼樣，就蔑視地對你說：「這件衣服太貴，您恐怕買不起。」你可能就會勃然大怒。人活著就是為了一口氣，一定不能讓對方把自己看扁了。「有什麼了不起的，我今天還真買了。」於是，不管自己是否喜歡或是否需要，你一怒之下就將那件衣服買了下來。

在《紅樓夢》中，王熙鳳是個很厲害的人物，她周圍的人能不受到她的算計就很不錯了，怎麼可能求她辦事呢？如果懂得了她爭強好勝的心理，也能控制她的行為。

老尼淨虛在長安縣善才庵出家的時候，認識了一個張大財主的女兒——金哥。金哥到廟裏進香的時候，被長安府府太爺的小舅子李衙內看中，並要娶她。可是她已經被聘給了原任長安守備的公子。兩家都要娶，金哥家左右為難。守備家不管青紅皂白就上門來辱罵。張家被惹急了，想退還聘禮，所以派人上京城尋找門路，希望能找個中間人寫一封信，解決這件事。只要能順利退了聘禮，張家願意傾家答謝。

鳳姐漫不經心地聽著淨虛說這事，然後表明自己的態度——我又不等銀子使，所以也用不著去幫這個忙。

這個時候，淨虛有些失望，便使出了激將法。她說：「雖如此說，張家已知我來求府裏。你如今不管這事，張家不知道你是沒工夫管這事，不稀罕他的謝禮，倒像府裏連這點子手段也沒有的一般。」

這句話讓鳳姐立即改變了態度，大聲說：「你是素日知道我的，從來不信什麼陰司地獄報應的，憑是什麼事，我說要行就行！……你叫他拿三千兩銀子來，我就替他出這口氣！」

這句話正中了淨虛下懷。她馬上陪笑說，「是的，既然你已經答應了，那明天就『開恩』辦吧？」

鳳姐自我膨脹，馬上說，「你瞧瞧我忙的，哪一處少得了我？既應了你，自然快快的了結。」

淨虛又乘機奉承道：「這點子事，在別人的跟前就忙的不知怎麼樣，若是在奶奶的跟前，再添上些也不夠奶奶一發揮的。只是俗語說的，『能者多勞』，太太因大小事見奶奶妥帖，越發都推給奶奶了，奶奶也要保重金體才是。」

一席話讓鳳姐聽得十分受用，淨虛求鳳姐辦的事自然也不在話下了。

當淨虛「懇求」鳳姐的時候，鳳姐表現出漫不經心的樣子，「這點事我才懶得幫呢」是她當時的心理；一旦淨虛激將她「倒像府裏連這點子手段也沒有的一般」，激發了鳳姐好強的心理。

所以，你想讓對方做某件事，當「懇請」沒有用的時候，不妨利用對方想表現自己的心理以及他的逆反心，若無其事地用一用激將法，也許更容易達到你預期的目標。對他說：「你不辦，是因為你辦不了吧？」這句話在他心裏的分量是很重的，因為每個人都不願意被人看扁。

這個方法對那些好勝心強、虛榮心強、自我膨脹欲望強烈的人更加受用。我們經常看到老師和家長們在小孩的教育上用這一招，小孩子都會乖乖中招。

找到一個人就行了，避免「責任分散」

有時候向很多人求助，不如向某一個人求助，並強化他的責任。也就是說認定某一個人能幫助你，而不要給太多人「踢皮球」的機會。

雖然說「助人為快樂之本」，但並不是每個人在任何情況下都願意幫助別人的。特別是當人們覺得自己「沒有責任和義務」去幫助他人的時候，就很難主動去幫助他人。而怎樣的情況會導致人們認為自己「沒有責任和義務」呢？那就是在人多的情況下。

「一個和尚有水吃，兩個和尚抬水吃，三個和尚沒水吃」，就是這種情況的典型反映。你以為人多力量大，其實，有時候人多力量反而小，「一加一小於二」的情況經常有。因為人們身上普遍都存在著惰性和依賴性，在大家一起工作的時候，這種現象就更加突出。比如，我們經常在找人辦事的時候，會遭遇被多個人「踢皮球」的情況。對方你推

我，我推他，結果沒有一個人願意為你解決問題。

如果要求一個群體共同完成任務時，群體中的每個個體的責任感就會較弱，面對困難時，他們往往會退縮。

因為當很多人都可以去做某件事情時，人們就會覺得並非一定要自己做。人們會想，「既然大家都可以做，憑什麼要我做？」「他能幫你，你去找他吧！」「我還是少管閒事吧！」這種現象在心理學上叫作「責任分散效應」。

所以，請求別人幫忙的時候，一定要讓對方感到幫助你是他一個人的責任。

將「不值錢」的東西送給清高的他

請人幫忙，難免會對他人「表示」一下，以顯示出你的誠意。俗話說「吃人家的嘴軟，拿人家的手短」，一旦對方接受了你的「誠意」，當然也要表現出對你的「誠意」來——盡他的努力來幫你，以還你的人情。

然而，送禮也不是一件簡單的事情。對方不一定會配合你，你送什麼，對方就會接受什麼。他們會推辭，因為誰都知道「吃人家的嘴軟，拿人家的手短」，既然接受了你的禮物，肯定是要還你的人情。

人們都不希望自己背上「債」。那麼，為什麼有的人又很容易接受他人的禮物呢？

因為人們還有一個特性，那就是貪念。特別是對那些抵制不住誘惑的人來說，想要的東西就擺在面前，何樂而「不要」呢？

所以，要讓對方接受你的禮物，就要在人們的這兩種心理之間權衡：既勾起對方的「貪欲」，又不讓對方覺得欠了你太多，而時刻惦記著要還給你。

有一位學生受到老師的恩惠頗多，一直想回報老師，但是沒有機會。一天，他偶然發現老師家裏的紅木鏡框中鑲著的字畫竟是一幅拓片，跟屋裏雅致的陳設不太協調。正好，這位學生的叔父是位小有名氣的書法家，他手頭正好有叔父贈給他的字畫。於是，他馬上把字畫拿來，主動放到老師的鏡框裏。老師不但沒反對，而且還非常喜愛。

比如，你要送某樣東西給一個從來不接受禮物，怕有「受賄之嫌」的人，你可以說：「這支球杆我已經很久不用了，最近我買了一支新的，所以這支你喜歡就拿去吧，雖然是用過的，也還不錯。」這樣對方就很輕易地接受了，而不認為你是在行賄，而且他也沒有「還情」的心理負擔。

如果你送的是特產，可以說是老家來人捎來的，只是分一些給對方嘗嘗鮮，是粗糙的

東西，不值錢，請對方收下。一般來說，對方那種因盛情無法回報的拒禮心態可望緩和，會收下你的禮物。

你想給家庭困難的朋友送些錢物，有時候，他們的自尊心會使他們不肯輕易接受濟助。你若送的是物，不妨說，這東西在我家放著也沒什麼用，你先拿去用吧，日後買了再還我；如果送的是錢，可以說先拿些花著，以後有了再還。這樣，對方就不會覺得你是在施捨，他會樂於接受，你送禮的目的也就達到了。

給家境困難的朋友送禮時，一定要注意，對方如果自尊心很強的話，這個方法千萬不能用，否則只會弄巧成拙，讓對方以為你瞧不起他，把自己不用的東西送給他。俗話說：「己所不欲，勿施於人。」

當然，送禮並不是一定有某物送在對方手上。如果你送給對方的是酒一類的東西時，不妨避談「送」字，假說是別人送你兩瓶酒，你來和對方對飲共酌，請他準備點菜。這樣喝一瓶，送一瓶，你們的關係也近了，你的禮也送了，還不露痕跡。

有時你想給人送禮，而對方卻又與你八竿子拉不上關係時，不妨選送禮者的生誕、婚日，邀上幾位熟人同去送禮祝賀，那樣對方便不好拒收了。

等事後對方知道這個主意是你出的時，他必然會改變對你的看法。借助大家的力量達到送禮聯誼的目的，尤其對那些不熟悉的送禮對象，是最好的辦法。

據說一位朋友給女朋友送禮物，從未遭到對方的拒絕。對此，這位朋友透露的秘訣是：首先故意向女友借一些東西，在還東西的同時再送禮物給女友，而且堂而皇之地說：「謝謝您的幫忙，這是我衷心的感謝。」無論何時何地，這位朋友都能成功送禮物給女友了。

7 培養維護交情的好習慣

習慣人皆有之。南方人習慣吃大米，北方人習慣吃麵條，這是生活習慣。有的人喜歡邊聽音樂邊學習，有的人則習慣於神情專注、不受干擾，這是學習習慣。有的人工作時習慣快刀斬亂麻、雷厲風行，有的人則習慣有頭有緒、條理不紊，這是工作習慣。

習慣真可以說是無處不有、無處不在、無孔不鑽。正因為習慣如此之多，以至於人們常常忽視它的存在，無視它的作用。但是，你可千萬不能輕視習慣的作用。好習慣是成功的助力器，而壞習慣則可能是通往成功之路的絆腳石。

每一位成功者，他們都有許多良好習慣，最後促成了他們的成功。蕭伯納堅持「該先做的事情就先做」的習慣，使他成為著名的作家；愛迪生堅持想睡就睡的習慣，保證了他工作時有極高的效率，使他的思維保持活躍，從而有了一個又一個發明創造；約翰・洛克菲勒堅持工作有張有弛的習慣，使他成為了全世界擁有財富最多的人之一……這樣的例子簡直多得不可勝數。

事實上，失敗的人和成功的人之間，有很多東西相同，而往往在習慣方面，他們卻有著很大的差異，正是這些不同，造成了二者不同的命運。這是為什麼呢？因為習慣是在長時期裏逐漸養成的一時不容易改變的行為、傾向或社會風尚，它可以促成人們的成功。

當我們每天重複做相同的一件事情時，那件事情就會成為習慣。所有的習慣都是養成的。維護人緣自然也是一種習慣，不能在有事的時候才去求人。在平日裏就應給自己培養起「維護好人緣」的好習慣。

資訊最重要

曾有一名技術員，特愛交朋友，無論是同事、上司，還是顧客、同行，甚至是保安、餐廳的工作人員，他都非常熟悉。只要是有過一兩次來往的人，他都會把對方的電話記在電話本上。他的電話本攢了厚厚的一疊。不僅如此，所有電話本上的人，他都會經常打個電話或者發個簡訊聯繫。

隨著他的職位升為專案經理，他認識的人也越來越多。三年前，他辭職開始自己創業，無論是啟動資金，還是創業項目，甚至手下的員工，都是來自於自己的人脈資源。到今年，他已有兩三百萬元的資產了。

「掌握了人脈資源，就抓住了成功的關鍵」。好的人脈是事業成功的助推器，可以提升你成功的速度。人脈資源為職場人士打開了機遇的天窗，在各種人脈幫助下，使得你的事業從起步時就站在了「巨人」的肩膀上。同時，人脈資源還能在關鍵時刻或危難之際為你提供幫助。

在職場中，資訊最重要，可以說人脈資源就是職場的「情報站」，你的人脈有多廣，情報就有多廣。當你擁有無限的資訊時，你的事業就有無限發展的平台。

工作中認識的人，一概積存維護起來

人脈資源包括親人、老鄉、同學、同事、顧客等。每個人都在不斷開發自己的人脈網路，區別在於，那些成功的人總是比一般人擁有更龐大和更有力量的人脈網路。

工作中常會接觸到不同的人，有的人與對方寒暄一番，與對方禮節性地互留名片，過後對方的名片就成為一張廢紙；而有的人完成工作後，還會後期跟進，與對方建立關係。專案結束，如果不適合再與這位客戶交往，可以以推薦人的身分出現：「朋友有個項目，我覺得你們比較合適，是不是找個時間聊聊？」既幫朋友拓寬了選擇面，又替客戶搭上了線，使你成為人際關係的一劑「潤滑油」。

無論「大小」都是資源

有的人眼睛只盯著上層人士，而忽視了同事、下屬；有的人只結交年長有經驗的人，而忽視了年輕人。無論什麼樣的人，都是我們發展事業不可缺少的資源。

人脈資源可以分為金融人脈資源、行業人脈資源、技術人脈資源、思想智慧人脈資源、媒體人脈資源、客戶人脈資源等。即使是一個普通的技術員，也許通過他，還可以為你的企業挖到優秀人才。就算是「八〇後」、「九〇後」的「小朋友」，和他們接觸，也能瞭解一些新的資訊。人的精力有限，不可能對所有的人脈關係都一碗水端平，因此，人脈也有「大小」之分。所謂的「小人脈」，是那些可以為自己提供服務，以備不時之需的人，比如，辦公用品商、網路維護員、物業管理人員等。這一類「小人脈」，大多不必費心維護，只需建立清晰的資料庫便可。而「大人脈」，則是對自己的事業發展有重大影響的人，這一類人脈一定要精心維護。

此外，人脈資源既要有廣度和深度，還需要有關聯度。人脈的關聯度指人脈關係與個人所從事行業的相關性和人脈資源直接的相關性。要利用朋友的朋友或他人的介紹等去拓展自己的人脈資源。從長遠考慮，千萬不要有人脈「近視症」，一定要隨時關注人脈的成長性和延伸空間。

維護人脈，從問候開始

一般來說，問候是維護人脈關係的基礎。無論是熟與不熟的人脈關係，都要定期或不定期地問候對方。人常說「見面三分情」。即使不能當面問候，電話、短信聯繫，也會增進彼此的感情。經常問候對方，才不至於與對方疏遠，甚至讓對方忘掉自己，一旦有需要對方的時候，動用起來也才能毫無愧色。同時，經常問候對方，還能讓你從各種人脈關係中瞭解到有用資訊，從中找到商機。

維護人脈關係，最重要的是「雙贏」。人際交往是雙向互惠的，「單向利己」的行為不能長久。不要有「吃虧」的念頭——患得患失、因噎廢食或心存僥倖。要做到樂意和別人分享，這其中包括：分享自己的專業知識，來幫助別人；分享資源，包括物質和朋友的關係；分享愛心，實在幫不上忙，那就表示真誠的關心，別人也會銘記在心。

總之，人脈關係將伴隨你的一生，是你最大的財富。無論如何，建立和維護人脈資源，「以誠待人」是人際交往的根本。

8 對他人表示感謝，強化他的成就感

維持良好的人際關係，同時表達心意的最簡潔的一個詞就是「謝謝」。誠懇地對對方說聲「謝謝」，會帶給對方最大的滿足和感動。「謝謝」二字雖然簡單，也很容易說出口，但只要你運用得當，就會給別人留下深刻的印象。每個人在為每件事付出了努力後，都希望獲得預期的結果和回饋資訊。特別是當他人為你提供了某些幫助的時候，儘管對方口頭上說「這是應該的」、「這沒什麼大不了」、「不值得一提」，但是，在他人的內心，還是希望得到你的重視和認可的。你的一句話、一個笑臉都能讓他人備受鼓舞，從而再接再厲下去。

美國的心理學家和行為科學家斯金納認為，人或動物為了達到某種目的，會採取一定的行為作用於環境。當這種行為的後果對他有利時，這種行為就會在以後重複出現；當這種行為的後果對他不利時，這種行為就減弱或消失了。人們可以用這種「正強化」或「負

強化」的辦法來影響行為的後果，從而修正其行為，這就是強化理論。

所謂強化，從其最基本的形式來講，指的是對一種行為的肯定或否定的後果（報酬或懲罰），它至少在一定程度上會決定這種行為在今後是否會重複發生。根據強化的性質和目的，可把強化分為正強化和負強化。正強化就是鼓勵那些自己需要的行為，從而加強這種行為；負強化就是懲罰那些與自己的預期不相容的行為，從而削弱這種行為。

在社交上，正強化的方法包括認可、表揚、給予物質回饋等。而以負強化來維持良好的人際關係，方法包括批評、蔑視、遠離他人等。

當別人給你幫忙了，你要及時地表達自己的感激之情，你的感激之情表達得越充分，越及時，別人就越會覺得自己的付出是有意義的。否則，他們會認為自己「費力不討好」、「白幫忙」了，下次當你有困難的時候，所有的人都可能離你遠去。

雖然那些熱心的人總是宣稱自己來幫忙不為什麼，是應該做的。但是在他們的內心，總是希望自己的付出能得到一定的回應的。這種回應不一定是物質上的同等回應，那些精神上的獎勵，同樣能讓他們有一種滿足感，讓他們覺得他們給你提供的這個方便是值得的，是有價值的。

我們平時說「謝謝」時，通常是基於禮貌說的。但是如果你想要表達一種內心的感激時，只說「謝謝」兩個字是遠遠不夠的。你必須配合你的表情和聲調，讓對方感覺到「他在跟我道謝呢」。所以，在道謝的時候，最好加上對方的名字「謝謝你呀，小張！」「李經理，非常感謝你！」當你加入了對方的名字時，就等於把對方拉進了被感謝的角色中。

另外，在表示感謝的時候，如果你能把感謝的事由加入到感謝的話中，對方的感覺會更勝一籌，也會顯得你更加的誠懇。比如，「真謝謝你呀，小張，要不是你，我找不到這麼好的工作。」「謝謝你幫我改了論文，讓我的論文獲得了第一。」「要不是你幫我度過難關，我還不知道怎麼應付這次失業呢。」這樣的話，更加強化了對方的重要性。對方會感到，你是真的記得他的好。

別人幫了你的忙，你表示感謝是理所當然的。如果別人答應幫你，雖盡力了，但卻沒有幫上忙，你該如何呢？抱怨別人不該答應你？指責別人沒有為你多盡力？或者是什麼也不說，就當沒發生過？

不管怎麼樣，只要對方付出了努力，無論結果如何，你都要表示感謝，否則就會讓人認為你是個勢利的人。在這種情況下，你可以說：「我知道你已經盡力了，謝謝你！」「真不好意思，讓你為難了！」「這件事的難度確實太大了，我自己再想其他辦法，但還是非常感謝你的幫忙！」

對方聽到這樣的話，心裏肯定會感到很舒服，甚至還會為沒有幫上你的忙而感到愧疚。下次你遇到困難時，對方一定會盡最大的努力來幫你，以「彌補」這次對你的「虧欠」。

記住，對幫助過你的人要記得說聲「謝謝」，為別人對你的啟發教誨要說「謝謝」，即使只是一些微不足道的小事，也要表達你的感激之情。

第四章

找到目標，等於成功了一半

沒有目標，等於失去行動的方向。

這個道理再簡單不過了，但為什麼有很多人總是找不到自己的目標呢？

原因就在於他們缺乏確定自己目標的能力。

那些成功者，

善於在行動之前通過思考和判斷來找到一個適合自己能力發展的目標，

因為在他們看來，找到目標就等於成功了一半。

1 先有大目標，才有前進的方向

心理學家曾經做過這樣一個實驗：

組織三組人，讓他們分別向著十公里以外的三個村子進發。

第一組的人既不知道村莊的名字，又不知道路程有多遠，只告訴他們跟著嚮導走就行了。剛走出兩三公里，就開始有人叫苦，走到一半的時候，有人幾乎憤怒了，他們抱怨為什麼要走這麼遠，何時才能走到頭，有人甚至坐在路邊不願走了，越往後走，他們的情緒也就越低落。

第二組的人知道村莊的名字和路程有多遠，但路邊沒有里程碑，只能憑經驗來估計行程的時間和距離。走到一半的時候，大多數人想知道已經走了多遠，比較有經驗的人說：「大概走了一半的路程。」於是，大家又簇擁著繼續向前走。

當走到全程的四分之三的時候，大家情緒開始低落，覺得疲憊不堪，而路程似乎還很長。當有人說：「快到了！」「快到了！」大家又振作起來，加快了行進的步伐。

第三組的人不僅知道村子的名字、路程，而且公路兩旁每隔一公里就有一塊里程碑。人們邊走邊看里程碑，每縮短一公里大家便有一小陣的快樂。行進中他們用歌聲和笑聲來消除疲勞，情緒一直很高漲，所以很快就到達了目的地。

心理學家得出了這樣的結論：當人們的行動有了明確目標的時候，他們就會把自己的行動與目標不斷地加以對照，進而清楚地知道自己的行進速度和與目標之間的距離。為此，他們行動的動機就會得到維持和加強，就會自覺地克服一切困難，努力達到目標。

這使人聯想到羅斯福總統夫人與薩爾洛夫將軍的一次對話。

羅斯福總統的夫人在本寧頓學院念書的時候，打算在電訊業找一份工作，以補助生活。她的父親為她引見了自己的一個好朋友——當時擔任美國無線電公司董事長的薩爾洛夫將軍。

將軍熱情地接待了她，並認真地問：「想做哪一份工作？」

她回答說：「隨便吧。」

將軍神情嚴肅地對她說：「沒有任何一類工作叫『隨便』。」

片刻之後，將軍目光逼人，以長輩的口吻提醒她說：「成功的道路是靠目標鋪出來的。」

如果人生沒有目標，就好比在黑暗中遠征。人生要有目標。一輩子的目標，一個時期的目標，一個階段的目標，一個年度的目標，一個月份的目標，一個星期的目標，一天的目標……一個人所追求的目標越崇高越直接，他進步得就越快，他對社會也就越有益。有了崇高的目標後，只要矢志不渝地努力，就會成為壯舉。

胸懷大目標的人，既不會為眼前小小的「成功」所陶醉，也不會被暫時的挫折所嚇倒。他們心中十分清楚，在實現目標的過程中，肯定會遇到一些艱難險阻。假如輕而易舉就能排除那些艱難，只會向人們表明自己的目標定得太低。若是所有的困難在一開始就被排除得一乾二淨，會使人們喪失嘗試有意義的事情的興趣。你要學會腳踏實地地處理前進道路上的障礙，終有一天，你會到達目的地。

沒有大目標的人很可能只滿足於眼前的利益。他的眼睛僅僅是局限於伸手可及的小目標，他只顧及自己的眼前利益。只追求小目標的人，必然會面對這樣的悲劇：自己的所作所為只是在空耗自己的青春。

傳說，大唐貞觀年間，在長安城西的一家磨坊裏有一匹馬和一頭驢子。馬和驢子是好朋友，經常在一起談心。馬負責為主人拉車運貨，驢子的工作是在屋裏推磨。貞觀四年，這匹馬被玄奘大師選中，接受了一項艱巨的任務，與大師一起動身去天竺國大雷音寺取「三藏真經」。

十三年後，這匹馬跟著大師經歷了千辛萬苦，馱著佛經回到長安。大師受到重賞，而馬也被人們精心打扮一番，與大師形影不離，跟隨大師去全國各地講經。不久，朋友見面，老馬跟驢子談起了旅途的經歷：浩瀚無邊的沙漠、高入雲霄的峻嶺、火焰山的熱浪、流沙河的黑水……驢子聽了神話般的故事，大為驚異。

驢子驚歎說：「馬大哥，你的知識多麼豐富呀！那麼遙遠的路程，那種神奇的景色，我連想都不敢想。」

馬思索了一下，感歎道：「老弟，其實這幾年來我們走過的路程是差不多的。」

驢子不理解：「怎麼會？我的確一點兒見識都沒有長！」

馬說：「你想，我在往西域走的時候，你不是一天也沒有停止拉磨嗎？不同的是，我同玄奘大師有一個遙遠而明確的目標，始終按照一貫的方向前進，所以我們開了眼界；而你卻被人蒙住了眼睛，一直圍著磨盤打轉轉，所以總也無法走出這個狹隘的天地。」

這個故事告訴人們，沒有大目標的人，無論在生活中，還是在事業上，他都容易隨波逐流。**世界上最貧窮的人並不是身無分文的人，而是沒有大目標的人**。想別人之不敢想，做別人之不敢做。只有胸懷天下，目標遠大者才會取得巨大的成功。每個人來到這個世上，就是希望能夠快樂地生活，實現自己的理想。如果你追求的是大目標，你就不會滿足於現狀，你就會奮鬥不息、追求不止。

在工作中，有的人喜愛隨意，「到時再說吧」，他們從來沒有一個長遠的計畫和明確的目標，他們永遠被拒絕在成功的門外。只有先有了目標，才有了成就大事的希望，才有了前進的方向。

一個人的行為總是與他意志中的最主要思想互相配合的，這已是大家公認的一項心理學原則。特意深植在腦海中並維持不變的任何明確的主要目標，在我們下定決心要將它予以實現之際，它都將滲透到整個潛意識中，並自動地影響我們身體的外在行動。

要改變自己的生活，必須從培養期望做起。但光有強烈的期望還不夠，還得把這種期望變成一個目標。這就是說，你應該用想像力在腦袋裏把目標繪成一幅直觀的圖畫，直到它完完全全實現。俗話說：「有豐富的計畫，就有豐富的人生。假如你能確立人生目標，就已經踏出成功的第一步。」

譬如說，你對自己在學校裏的學習成績不夠滿意，想改變自己的落後成績，取得更高分數，那麼你就必須確立一個你所嚮往的明確目標，而不是一個模糊不清的想法。像「我想讓更多的課程達到及格分數」或者「我想取得更好的成績」的想法是不行的。你的期望必須是一種具體的目標，「這學期的五門課程我一定要通過其中的四門」或者「這學期我一定至少要得兩個『A』和兩個『A+』。」

如果你的目標是想獲得更好的工作，那你就必須把這一工作具體描述出來，並自我限定準備哪一天得到這份工作。你絕不能對自己說：「我希望有一個更好的工作，也許是推銷員吧！」你必須用肯定的語氣說：「我希望有一個更好的工作，沒錯，我想當推銷員。我要推銷某種商品。我去找叔叔談談吧，向他請教請教，因為他已從事好幾年的推銷工作了。然後我向招聘推銷員的七家公司發送我的簡歷，過一個星期，我再致電每家公司，請他們替我安排一次面談。」

如果你的目標是使家庭更加美滿幸福，那你就必須確切地描述一下如何使你的婚姻狀

況得到改善。你必須把你所希望出現的那種美滿婚姻描述出來——希望能與妻子（丈夫）更深入地溝通，把所有藏在心中的話都說出來；你為了改變生活準備採取什麼行動；你們夫妻倆能一起參加某項活動；你還必須找出最有利於溝通的時間，但千萬別是對方拖著沉重的工作壓力剛踏進家門時。

美國電影演員理查・伯頓通過切身體驗發現，制定一個目標是多麼重要。

他是一名聲譽極高的演員，事業上頗有成就。可有一次他表演失敗了，一時想不開，便常常喝得酩酊大醉，想以此消愁，結果是「借酒消愁愁更愁」，不僅糟踏了自己的身體，還差點毀了自己的演藝生涯。

後來，伯頓在其主演的一部影片獲得極大反響以後，決心要戒酒。因為他逐漸感到，由於酒喝得太多，他甚至連台詞都記不大住了。他說：「我很想見見與我合作過的那些演員，我知道他們的演出都十分出色，可我現在連一個鏡頭都回想不起來了。」

這一痛苦經歷促使他產生了要改變自己生活的強烈願望。他為自己制定了一個具體目標，即嚴格地控制自己，過一種「與酒告別」的生活。他對自己期望的未來制定了明確的目標，甚至對與喝酒的朋友在一起會損失什麼，也認真考慮了一番。他明白，在漫長的人生過程中，他必須改掉自己的一些不良習慣。他也相信，只要確定了某個具體目標，他就能實現它。

伯頓為自己制訂了一個治療計畫，每天游泳、散步，並嚴禁喝酒。經過兩年的努力，他終於達到了目標。他又重新組織了一個家庭，過著美滿、幸福的新生活。他興奮地說：「我的工作能力完全恢復了。我發現自己的動作或思考比酗酒時更加敏捷，我的精力更充沛，腦子也轉得更快了。」

伯頓成功了。你也應該培養你自己的某些強烈的期望，並把它們轉變成你生活中的具體目標。

心理學上有一種「自我暗示」的方法，即運用潛意識將你的明確目標深刻印在心中。拿破崙借助此法，讓自己從出身低微的科西嘉窮人變成了法國的君主；林肯也是借助於同樣的方法，跨越了一道寬廣的鴻溝，走出肯塔基山區的一棟小木屋，最後成為美國總統。

潛意識也許可以比作是一塊磁鐵，當它被賦予功用，在徹底與任何明確目標發生關係之後，它就會吸引住達成這項目標所必備的條件。甚至在大自然中，在每一片草葉以及每一棵樹木身上，你都可以看到這項原則的證據。橡樹的種子從泥土及空氣中汲取必要的物質，使它得以長成一棵大橡樹，而絕不會長成一棵一半是橡樹、一半是楊樹的「怪樹」。

我們再從經濟的角度來考慮這個問題。如果一艘輪船在大海中失去了方向，在海上打轉，它必然很快就會把燃料用完，卻仍然到達不了岸邊。事實上，它所用掉的燃料，已足夠使它來往於海岸及大海中心好幾次。

一個人若是沒有明確的目標，以及達成這項明確目標的計畫，不管他如何努力工作，都像是一艘失去方向的輪船。辛勤的工作和一顆善良的心，並不足以使一個人獲得成功，因為，如果一個人並未在他心中確定他所希望的明確目標，那麼，他又怎能知道他已經獲得成功了呢？

在一個人選好工作上的明確目標之前，他的心是搖擺不定的，因此他會把他的精力和想法浪費在其他無關緊要的事情上。這不但使他無法獲得任何能力，反而使他變得優柔寡斷或怯弱。只有當他向著生命中一項明確目標前進時，才能產生巨大力量去實踐目標。

一個人過去或現在的情況並不重要，他在將來想要獲得什麼成就才是最重要的。除非你對未來有理想，否則便是做不出什麼大事來的。

目標是對所期望成就的事業的真正決心。目標比幻想好得多，因為它能被實現。如果一個人沒有目標，他就只能在人生的旅途上徘徊，永遠到不了終點。

正如空氣對生命一樣，目標對成功者也是絕對的必要。如果沒有空氣，就沒有人能夠生存；**如果沒有目標，就沒有任何人能成功。**

2 從小目標開始突破

如果將最後的終極目標分解成具體的小目標，逐一實現，你將可以嘗到成功的喜悅。有些人常妄想自己能一步登天，他們常做白日夢，想一夕成名，一下子變成一個億萬富翁。實際上，這是不可能的。一是由於你的能力並不夠，二是由於成功必須經過長久磨煉。因此，真正的成功者，他們善於化整為零，從大處著眼，從小處著手。你明白什麼叫「從大處著眼，小處著手」嗎？請閱讀下面的故事，它將告訴你一個成功的基本道理，那就是學會從小目標開始逐步突破。

傑瑞廿五歲的時候，因失業而過著三餐不繼的生活，為了躲避房東的討債，他白天就在馬路上閒逛。

某天，他在街上偶然碰到了著名歌唱家夏里賓先生。傑瑞在失業前曾經採訪

過夏里賓先生。但是讓他沒想到的是，夏里賓先生竟然一眼就認出了他。

「很忙嗎？」夏里賓先生問傑瑞。

傑瑞含糊地應了聲，他想夏里賓先生看出了他的失意。

「我住的旅館在第一〇三號街，跟我一起走過去好不好？」

「走過去？但是，夏里賓先生，六十個路口，可不近呢。」

「胡說，」夏里賓先生笑著說，「只有五個路口。」

「……」傑瑞不解。

「是的，我說的是第六號街的一家射擊遊藝場。」夏里賓先生接著說道。

這話有些答非所問，但傑瑞還是跟著他走了。

「現在，」到達射擊場時，夏里賓先生說，「只剩十一個路口了。」

沒多久，他們到了卡納奇劇院。

「現在，還有五個路口就到動物園了。」

就這樣走著走著，兩人在夏里賓先生的旅館前停了下來。奇怪得很，傑瑞並不怎麼覺得疲憊。

夏里賓先生開始解釋為什麼傑瑞並不感到疲憊的理由：「今天這種走路的計算方式，你絕對要常常記在心裏，這是一種生活的藝術。無論你與你的目標距離有多麼遙遠，都不要擔心，只把你的精神集中在五個路口的距離，別讓那遙遠的未來使你煩悶。」

沒有目標的人註定不能成就大事。但如果目標過大，你應學會把大目標分解成若干個具體的小目標，否則過了一段很長的時間後，你依然達不到目標，你會覺得非常疲憊，進而產生懈怠心理，甚至你可能會認為沒有成功的希望而放棄繼續追求。如果將最後的終極目標分解成具體的小目標，逐一實現，你將能嘗到成功的喜悅，繼而產生更大的動力去實現下一階段的目標。

許多人做事之所以會半途而廢，並不是因為那件事的難度高，而是因為他認為現實距離夢想太遠，正是這種心理上的畏難情緒導致了他的失敗。若把長距離分解成若干個短距離，逐一跨越它，就會輕鬆許多。而目標具體化可以讓你清楚當前該做什麼，怎樣才能做得更好。

有人說，我長大以後要做一個偉人。這個目標太不具體了。就像我們小時候寫作文，題目是「將來長大做什麼」，有的同學就說：「我長大了要做總統。」這個目標就有點太籠統了，只能當作少年時一個美好的神話。

目標必須具體，比如你想把英文學好，那麼你就定一個具體目標，比如每天一定要背

十個單詞、一篇文章，要求自己在一年之內能看懂英文書報。由於你制定的目標很具體，如果能按部就班做下去，目標就容易達到。

有人曾經做過這樣一個試驗，他把選手分成兩組，讓他們去跳高。兩組組員的個子都差不多，先是全部一起跳過了六尺的高度，然後再把他們分成兩組。他對第一組說：「你們能跳過六尺五寸。」而對第二組只說：「你們能跳得更高。」然後讓他們分別去試跳。結果第一組由於有「六尺五寸」這樣一個具體的目標，他們每個人反而都跳得更高，但第二組因為缺乏具體數字的目標，所以他們只跳過六尺多一點，不是所有的人都跳過了六尺五寸。為什麼呢？就是因為第一組的組員有了一個具體目標。

黑澤是一位擁有出色業績的推銷員，可是他一直都希望能躋身公司業績排行榜的前幾名。不過這只是他的一個願望，他一直放在心裏，並沒有真正去爭取過。直到三年後的某天，他讀到了一句話，「如果讓願望更加明確，就會有實現的一天。」

於是，黑澤當晚就開始設定自己期望的總業績，然後再逐漸增加，這裏提高百分之五，那裏提高百分之十，結果他的顧客增加了百分之二十，甚至更高。這激發了黑澤的鬥志，從此他不論在任何狀況下，不管從事任何交易，都會設立一個明確的數字作為目標，並總能在一兩個月內完成。

「我覺得，目標越是明確，我越能感到自己對達成目標有股強烈的自信與決心。」黑澤說。他的計畫裏還包括想得到的地位、想得到的收入、想具有的能力等。然後，他把所有的客戶拜訪資料都記錄得十分詳盡，並且在相關的業界知識方面努力累積。終於在第一年的年尾，黑澤的業績創造了空前的紀錄，提升了好幾個百分點。

黑澤自己下了一個結論：「以前，我不是不曾考慮過要擴展業績、提升自己的工作成就，但是因為我從來只是想想而已，沒有付諸行動，當然所有的願望都落空了。自從我明確設立了目標，以及為了實現目標而設定具體的數字和期限後，我才真正感覺到一股強大的動力正在鞭策著我去達成它。」

在平常生活、工作中，我們都會有自己的目標，而你的成功關鍵就在於你能否把目標細小化、具體化。

別自覺前方的成功太遙遠，或害怕人生旅途中會有意外阻擋你的腳步而放棄追求、放棄希望。只要想著再走十步，那麼不知不覺你就會向前走了一萬步。

3 設定目標，需要主動出擊

設定清晰的目標不是一個被動的行為，它不會自動發生。你必須採取有意識的行動才能做到。每件事都很肯定，沒有什麼是模糊的。你不是正向目標前進，就是離它越來越遠。

如果你什麼都不做或是稀裏糊塗地做，那你基本上就是「漫無目的」的受害者。

換句話說，你在用自己的時間為別人的目標服務卻還不自知。你傻乎乎地為房東、廣告商、股東等人拚命賺錢，每一天你都稀裏糊塗地這麼幹著，不知道自己正往哪裏去，這對你自己來說就是又往後退了一步。

如果你不主動照看自己的花園，雜草就會瘋長。雜草可不需要澆水或施肥，只要沒有盡責的園丁，它們就會自己亂長。同樣地，在你的工作和你的生活上，如果沒有自覺而定向的行動，那裏也會「雜草叢生」。

你應當認真嚴肅地檢視自己身在何方及將去往何處，並且首要的任務就是把那些「雜草」根除。

清醒是一種選擇

如果你一直在沒有重點地開展著你的事業，只是每天早上醒來等著事情發生，那對你來說花點時間決定和寫下「你究竟想去哪兒」就是至關重要的。你還要花多長時間來爬那把「成功之梯」，到頭來卻發現它靠錯了地方。

趕快選好未來的一個點，不管是今後六個月還是五年，然後花上幾個小時寫出你希望自己到那時成為什麼樣子。我知道許多人其實並不確定他們想去哪，所以他們拒絕做任何書面承諾，以便能讓他們「保持開放的選擇權」。要是你持這種態度，會產生怎麼樣的一個結果呢？你將永遠都得不到提升、無法開展你的事業、沒法結婚、沒有家庭、搬不了新家，等等，除非有其他人幫你做決定。

曾經有個這樣的朋友，到現在仍然不知道自己想幹什麼。他把自己生活的控制權交給了別人卻不自知。只不過是因為害怕做出錯誤的選擇，他便因此不願花時間來設計自己的未來。他的生活由他人支配著，那些人把他們自己的目標壓到他身上，而他也就默認了。問問你自己是否也跟這位朋友一樣，是同一條船上的人。要是有個朋友能夠隨便支配你的

生活、你的事業、你的生活狀況、你的人際關係，等等，你就能夠完全肯定他對你的所作所為都是對的嗎？要是一個生意合夥人突然出現，在你還未能有意識地決定這種改變是否與你的目標一致時，就徹底改變了你本周的計畫，事情又會變成怎樣？

如果我們沒有為自己設定清晰的目標，就會在這樣的情況下受到傷害。

認清一個真正的機會並採取行動，和在一個沒有自我決策的情況下就採取行動，完全是兩回事。

等著能鼓舞你的東西出現，和期盼天上掉餡餅一樣，不過是個幻想。清晰的決策不會自動發生，你必須身體力行地讓它發生。如果你只是因為不知道想要什麼而沒有設定清晰的目標，那就坐下來積極地思考你想要什麼。對自身渴望的瞭解，並不是由某種神力賦予你的，你得自己決定。不設定自己的目標，就等同於決定讓自己成為他人目標的奴隸。

清晰的目標使決策更清晰

你的現實並不會與你的願景匹配得天衣無縫。那不是重點，重點是，你的願景能夠讓你做出清晰的「每日決策」，以便讓你保持在向目標前進的方向上。

當一架商業客機從一座城市飛往另一座城市之際，它有百分之九十的時間是脫離航線的，但它一直在測量自己前進的方向，並不斷調整。

目標設定的原理也是如此。保留一張目標清單，並不是因為那就是你最終會到達的地方，而是因為它能讓你決定今天該幹什麼。當別人突然告訴你一個「機會」時，你會知道那是真正的機會，還是僅僅在浪費時間。

當你開始朝目標前行時，沿途會遇到許多新鮮事物，你會邊走邊修改你的計畫。如果走到半路，你發現那不是你真正想要的，你也可能會改變你的願景。有缺陷的目標仍然比徹底沒有目標要好得多。

曾經有人告訴我，每天結束時，他都要在日曆上劃掉那一天，然後大聲說：「我的生命又過了一天，永遠也回不來了。」你也試試這個，然後注意一下它會在多大程度上讓你更集中精力。

當你結束一天時會感到「如果這一天還能重來，你還會用同樣的方式度過」時，你就會產生一種感謝的心情，這種心情能幫你集中精力在對你真正重要的事情上。而當你以一種懊悔或失落的心情結束一天時，你就會覺醒，並設法用不同的方式度過第二天。

在你建立了清晰的、並心甘情願為之付出的目標的第一天，你就會發現你的生活有了可以度量的改變——即使一開始的嘗試並不完美。你可以比以往更加迅速地做出決策，因為你知道這些決策會把你引向或帶離你的目標。

沃爾特・迪士尼臨終前夜，有個貼身記者守在他的床邊，分享他對迪士尼樂園的願

景。這是迪士尼樂園竣工前六個月的事情。當迪士尼世界最終開放時，另一位記者對沃爾特的兄弟羅伊說：「沃爾特沒能看到這些實在太可惜了。」羅伊答道：「沃爾特是最先看到它的人。所以我們今天才能看到它。」

憑藉那些你設定的，並渴望的目標，並把它們寫下來，每天回顧，你就能用聚焦的力量把它們變成現實。

4 設定目標失敗的七大原因

我們是否總能制定一個偉大的、並且能持續堅持的目標？為什麼你制定了目標卻仍然失敗？也許失敗已經讓你覺得設定目標毫無用處，可是真的如此嗎？

那麼，你有靜下來想想為什麼你的目標會失敗嗎？

你很可能犯下了以下一些錯誤：

太多的長期、中期目標

你是否設定了太多的目標，並且天真地希望自己全部都能一一實現。這不是不可能，但太多的目標意味著你精力的分散，特別是當你擁有太多的長期目標和中期目標時。學習一門新技能、減肥二十公斤，等等，這些都需要花費至少幾個月的時間才可能達到。如果你設定了太多諸如此類的大目標，你就會被牽著到處走，反而又變成沒有目的性

的了。所以，建議你只留二到三個長期、中期目標，通過將大目標分解為若干個小目標，落實到具體的每天每週的任務上。

不明確個人的目標

你為什麼要設定這個目標？達到這個目標對你意味著什麼？當你達到目標後你會有什麼感覺？如果你對這些問題都還不是很清楚，說明今年你還不是特別急切地希望達到這些目標。

有了一個明確的目標，即使面對艱難和挑戰，你仍然急切地想要竭盡所能來達到它。所以，你需要十分透徹地明白你制定的目標對你的意義。否則，你只會很容易忘記它，並且很難會有進展。

不把它們寫下來

想要記住並且開始執行自己的目標，最好的辦法就是把它寫下來。描述你的目標是什麼，你要怎樣達到它。如果你從來沒有將目標記下來過，那現在就把你的目標寫下來。

將目標寫下來，可以說明你梳理那些含糊不清、條理不順的想法。記住，明確的目標才能保證你的成功，而明確的目標不是簡單地用腦袋想想就能全部明白的。所以，花點時間，坐下來仔細把你的目標寫下來。

不能每天都看到自己的目標

人類是健忘的動物。即使你有將目標寫下來，可能你還是會將它忘記。要讓自己深深記住某個目標，要在潛意識裏不斷提醒自己不能忘記這個目標，最好的方法就是「重複」，讓自己天天都可以看到自己的目標。

你可以把自己的目標放在每天都能看到的地方，如寫在記事本裏、通過手機提醒等。

不去定期回顧自己的目標

我想你已經知道回顧的重要性，定期回顧可幫你確定自己是否朝著目標前進，有沒有取得預期的成功。

就像飛行員駕駛飛機時，需要定時檢查和修正飛行的航線。定期回顧可以使你發現目標和計畫中出現的問題，並且找出解決辦法。

只有你自己知道自己的目標是什麼

將你的目標告訴別人，因為需要給你一點壓力。也許你害怕對別人做出承諾，但是一

且你將自己的目標告訴別人後，只會迫使你要對自己的目標負責。

你很可能會感到彆扭，那就告訴自己的親人和朋友吧。保證一定要完成目標，並且讓他們監督你。如果你還在乎自己在他們心中的優秀形象，那就趕快執行這個目標吧。

得不到別人的支持

一個好漢三個幫，去完成目標並不意味著你是一個「獨行俠」。相反，你還需要家人、朋友等的支持。

例如，如果你打算減肥，但你的家人卻每天吃速食，這絕對不會對你有幫助；如果你想培養早起的習慣，室友卻每天睡懶覺。你最好也把你的室友拉進你的計畫中。向你周圍的人談談你的目標和計畫，要求他們給你提供多少支援，不管是精神上的還是物質上的。

5 人不可能同時追兩隻兔子

如果你的人生沒有一個專一的目標，那麼無論你做事多麼努力、多麼勤奮、多麼專注，你這輩子註定也是失敗的。

有一則以三國赤壁之戰為背景的寓言，這個寓言的大意是這樣的：北方來的一條獵狗，追趕一隻兔子，追到荊州時，看中另外一隻兔子，於是這條獵狗對兩隻兔子同時追起來，一直追到赤壁。兩隻兔子為求自保，開始聯合起來對付這條囂張的獵狗。在赤壁這個地方，兩隻兔子狠狠地教訓了一頓獵狗。獵狗被教訓後，狼狽地逃回了北方。兩隻兔子從此獲得了新生。

我們站在現今的立場，再回過頭來看這條獵狗時，發現這條獵狗犯了好幾個錯誤。

這條獵狗從北方一路趕來追兔子時，捎帶著揀了些骨頭，把荊州得了去，迫使這隻兔子不得不繼續逃跑。即使如此，這隻兔子還是在當陽被獵狗咬了一口，帶著傷的兔子又繼續逃跑。按理說，獵狗應該對這隻兔子窮追猛打，一直把兔子咬在嘴裏，叼回家才是，這才符合基本規律。

這個時候，戲劇性的事情發生了。獵狗眼裏出現了另一隻兔子。這條獵狗不去追已經受傷的兔子，卻反過頭來追這隻剛發現的兔子。受傷的兔子趕緊找到那隻剛被追的兔子，兩隻兔子一合計，決定一起對付這條瘋狂的獵狗。

這隻獵狗在揀了便宜後，應該好好地把骨頭啃一啃，養養精神，再去追兔子也不遲，然而牠卻在自己沒有吃飽的情況下，繼續追趕兔子，最後反而被兩隻兔子算計了一番，結果牠一隻兔子也沒有吃到，捎帶著連骨頭也被兔子搶了一半去。

事實上，我們中的很多人，在笑話這條愚蠢獵狗的時候，自己不知不覺中也成了這條獵狗。

我們無須再對獵狗的錯誤做過多的分析了，其實，這條狗之所以失誤，通過一個非常簡明的數學邏輯就可以看出：「（1÷2）×100%=50%」。試想，一條狗同時追兩隻兔子，就不僅僅是「分心」的概念了，牠只有百分之五十的成功率，基本上等於半途而廢。

人儘管有兩條腿，但只能走一條路。再厲害的人，哪怕他會分身術，也只能活上一輩子。從數學邏輯上看，你的人生的成敗就決定於你對追尋目標的把握上。用人的一生除以唯一的目標，成功率就是百分之一百；若用人的一生除以兩個目標，成功率就成了百分之五十；以此類推，追求的目標越多，成功的機率越小。你的人生之路、事業的追求也就越渺茫。

人一輩子的得失成敗、人和人之間的差距和區別，往往就取決於「1÷1、1÷2、1÷3……」這些簡單的數學邏輯上。大凡出類拔萃者，多是目標始終如一的人。奇怪的是，在現實生活中，絕大多數的人都把小學時就學會的簡易除法忘了，拿單一的人生除以雜七雜八的追尋和欲望，使自己的成功率（也就是除法所得的商）一再變小，直至迷失了自我、虛度了人生。

因此，如果你真想追到兔子的話，那麼，千萬不要同時去追兩隻不同方向的兔子。儘管你追到了一隻，會很遺憾另一隻跑了，但你真正應該慶幸的是，你沒有同時追兩隻兔子，否則，你遺憾的就不是另一隻跑了，而是一隻都沒追到。

「**年輕人事業失敗的一個根本原因，就是精力太分散。**」這是戴爾・卡內基在分析了眾多個人事業失敗的案例後得出的結論。事實的確如此。許多生活中的失敗者幾乎都在好幾個行業中艱苦地奮鬥過，然而如果他們能把自己的努力投入在同一個方向上，就足以使他們獲得巨大的成功。

愛迪生說過，高效工作的第一要素就是專注。他說：「能夠將你的身體和心智的能量，鍥而不捨地運用在同一個問題上而不感到厭倦的能力就是專注。對大多數人來說，他們每天都要做許多事，而我只做一件事。如果一個人將他的時間和精力都用在一個方向、一個目標上，他就會成功。」

帕華洛帝是世界歌壇上的超級巨星，當有人向他討教成功的秘訣時，他每次都提到自己問過父親的一句話。從師範學院畢業之際，癡迷音樂的帕華洛帝問父親：「我是去當教師呢，還是去做個歌唱家？」

父親沉思了片刻回答道：「如果你想坐在兩把椅子上，你可能會從兩把椅子中間掉下去。生活要求你必須有選擇地坐到一把椅子上去。」

帕華洛帝為自己選擇了一把椅子——歌唱。經過了七年的努力，帕華洛帝才首次登台演出；又過了七年，他終於登上了大都會歌劇院的舞台。

「只選一把椅子」，多麼形象而切合實際的理念。古人云：要有所為，有所不為。這就是說，只能確定一個目標，這樣才能凝聚一個人的全部合力，集中力量將目標攻下。這種理念，與其說是一種嚴肅的哲學思考，倒不如說是人們為了生存和發展得更好的一種本能的自我優化。

「只選一把椅子」，意味著在選擇全力以赴的事業時，也選擇了一種生活。

就像貝多芬與音樂、柏拉圖與哲學、畢卡索與繪畫、司馬遷與史學、陳景潤與數學、袁隆平與水稻……他們各自所選定的唯一一把人生「座椅」，決定了各自的人生軌跡及留給後世的聲譽。

6 志存高遠，而不是好高騖遠

大多數平凡人都希望自己這輩子能做出不平凡的事，遺憾的是，真正能做到的，似乎總是少數。因為，他們都在經意或不經意間陷進了好高騖遠的泥潭裏。

理想，我們古代的先輩們稱它為「志」。古人重視理想的程度不亞於我們今人，「金榜題名」、「衣錦還鄉」，是那時候人們的共同理想。即使貧困潦倒，也要堅守「人窮志不窮」的信念，堅持他們的理想。古人為何如此重視理想呢？因為他們深知理想對人一輩子的重要性。理想是沙漠中的綠洲，是暗夜中的燈光，是吹響生命的號角。詩人流沙河曾說過：「理想是石，敲出星星之火；理想是火，點燃熄滅的燈；理想是燈，照亮夜行的路；理想是路，引你走向黎明。」

古人尚且如此，我們今人更不應該落後。其實每個人心中都有一個屬於自己的理想。小學時代，老師就經常要我們寫有關理想的作文。人不能沒有理想，沒有理想的人生猶如一張白紙，是沒有意義的。理想是一個人對所期望成就的事業的堅定信仰。理想不是幻想，因為它可以實現。但是，我們必須清醒地看到，理想與現實是有差距的。要尊重理想，更要尊重現實。

常常可以聽到很多人哀歎自己這輩子「心比天高，命比紙薄」。其中原因，也許不是這些人真的「命運不濟」，而原因恰恰在於，他們的「心比天高」。

一個人志氣高遠，壯志凌雲，自然是好事；但是如果他的志氣高得虛無縹緲，高得脫離了實際，那恐怕無論他如何奮鬥，終其一生也不會實現。那這樣的志氣就是空想、幻影。當美麗的「泡沫」破滅的時候，就難免要自哀自嗟「命比紙薄」了。

如果一個人立志這輩子要如何如何，但卻不充分考慮自己的實際，就會像小蝸牛立志要爬上泰山之巔一樣荒唐可笑。

古籍《于陵子》裏講過這樣一個故事：

有一隻蝸牛志氣很大，想要成就一番驚天動地的大業。牠的目標是：首先東上泰山，估計得走三千年；然後南下江漢，也得走三千年。而當牠反觀自身時，算了算，牠只能活一天了。於是這隻蝸牛悲憤至極，轉眼已枯死在蓬蒿之上，徒留下笑柄而已。

做人應該有志氣，要立大志，確定人生理想和目標。但在為自己繪製奮鬥藍圖時，一定要切合自身實際。「志當存高遠」，但並不是說可以完全不顧自身的實際和社會的需求，一味追求「高遠」。一個根本不可能實現的理想，只能是妄想空談。這樣的「志向」不但不能激發起前進的動力，反而會挫傷你的鬥志，使你耽於幻想，一輩子一事無成，甚至自暴自棄，像那隻蝸牛一樣悲憤而死。

《于陵子》中的那隻蝸牛的錯誤不在於牠只有志向沒有行動，而在於牠不能從自身實際出發，樹立一個切實可行的奮鬥目標。這隻志向遠大的蝸牛不是不想行動，而是無論牠怎樣行動，牠的理想都根本不可能實現。此時，牠應當做的是重新認識自己，修正自己的志向，而不是「悲憤至極」。

世界上大多數人都是平凡人，但大多數平凡人都希望自己這輩子能做出不平凡的事。他們夢想成功，夢想自己的才華獲得賞識、能力獲得肯定，擁有名譽、地位、財富。不過，遺憾的是，真正能做到的人，似乎總是少數。

好高騖遠者往往把自己的理想設計得高不可攀，而根本不知道應該把理想與自己的實際力量聯繫起來。

就像有些人做事情從來不考慮自己的能力如何，於是做出了不切實際的決定，不是遭到失敗就是弄出荒謬可笑的事情來。對那些根本不可能的事，還是不要癡心妄想的好。

一個人雖有許多種力量，但實力是建設人生的最重要的手段和最基本的力量。在奔赴成功的艱辛路途中，我們絕不能好高騖遠，我們憑藉的，只有實力。唯有實力才能對你的事業與理想起到幫助和推動作用，使你的人生增值。

7 勤奮是最好的人格資產

對想成就大事的人來說，勤奮是最好的人格資產。毫無疑問，懶惰者是不能成大事的，因為懶惰的人總是貪圖安逸，若是察覺有點風險，可能就嚇破了膽。另外，懶惰者缺乏吃苦耐勞的精神，總妄想天上掉下來的禮物。但對成功者而言，他們不相信伸手就能接到天上掉下來的禮物，而是相信勤奮必有所獲，相信「勤能補拙」這句話的深刻含義。

有些人總是責怪命運的盲目性，其實命運本身並沒有那麼盲目。命運掌握在每個人的手中，尤其是對那些勤勞工作的人。只有付出，才會有回報。正如只有優秀的航海家才能駕馭大風大浪一樣，不識水性的人又怎麼會有這項才能呢？從人類歷史上的那些成功人物身上，即可窺知一二。在他們成就一番偉業的過程中，一些性格上的小優點，如專注力、持之以恆，等等，往往在他們的事業上發揮著很大的影響力。即使你是天才，也不能小看這些性格優勢所產生出的巨大作用，一般人就更不用說了。

有人認為天才不過是教育界的無謂炒作。一位大學校長認為，天才就是不斷努力的能力。約翰・弗斯特認為「天才就是點燃自己的智慧之火」，波思則認為「天才就是耐心」。

牛頓被公認為世界一流的科學家。當有人問他到底是用什麼方法去創造那些非同小可的理論時，他誠實地回答道：「總是思考著它們。」還有一次，牛頓這樣陳述他的研究方法：「我總是把研究的課題放在心上，並反覆思考，慢慢地，起初的靈光乍現終於一點一點地變成了具體的研究方案。」

正如其他有成就的人一樣，牛頓也是靠勤奮、專心致志和持之以恆才取得成功的。放下手頭的這一課題而從事另一課題的研究，這就是他全部的娛樂和休息。牛頓曾說過：「如果說我對社會民眾有什麼貢獻的話，完全只因勤奮和喜愛思考。」

另一位偉大的哲學家克普勒也這樣說過：「正如古人所言，『學而不思則罔』，對此我深有同感。只有善於思考，所學的東西才能逐步深入。對我所研究的課題，我總是追根究底，想理出個頭緒來。」

英國物理學家及化學家道爾頓從不承認他是什麼天才，他認為他所取得的一切成就，都是靠勤奮點滴累積而來的。約翰・亨特曾自我評論道：「我的心靈就像一個蜂巢一樣，

看起來是一片混亂、雜亂無章，到處充滿嗡嗡之聲，實際上一切都整齊有序。這些食物都是通過勞動在大自然中精心選擇的。」這裏的「勞動」指的就是他所具備的人格優勢，並非他才智過人，他只是比一般人更勤勞罷了。

只要翻一翻那些大人物的傳記，我們就知道大部分傑出的發明家、藝術家、思想家和著名的工匠，他們的成功都得歸功於他們的勤奮和他們持之以恆的毅力。

英國作家狄斯雷利認為，要成就大事，必須精通所學科目，但要精通所學科目，只有通過長時間連續不斷地苦心鑽研，別無其他辦法。因此，某種程度上來說，推動世界前進的人，並不是那些天才人物，而是那些智力平庸卻非常勤奮努力的人；不是那些智力卓越、才華洋溢的人，而是那些不論在哪個行業都認真堅持、不畏困難的人。

有一位事業有成的女性，在談及她那才華出眾而又粗枝大葉的兒子時曾慨歎：「唉！他缺少堅持到底的毅力，這怎能成大器呢？」

天賦過人的人，如果沒有毅力和恒心作後盾，他只能綻放轉瞬即逝的火花。許多意志堅強、持之以恆，但智力平庸甚至稍顯遲鈍的人，最後都會超過那些只有天賦而沒有毅力的人。

正如義大利的一句俗語所說：「走得慢但堅持到底的人才是真正走得快的人。」一旦我們養成了不畏勞苦、鍥而不捨、堅持到底的工作精神，則無論我們從事什麼職業，都能在競爭中立於不敗之地。古人所說的「勤能補拙」講的也就是這個道理。

羅伯特・皮爾正是由於養成了勤奮的工作態度，才成了英國參議院中的傑出人物。當他年紀很小的時候，他父親就讓他站在桌子邊練習即席背誦、即席作詩。首先，他父親讓他盡可能地背誦些格言警句。當然，剛開始並沒有多大的進展，但日子久了，他也能逐字逐句地背誦出那些格言的全部內容。這一訓練似乎可說是為他日後在議會中以無與倫比的演講藝術駁倒論敵立下了根基，這實在令人佩服。但幾乎沒有人知道，他在論辯中表現出來的驚人記憶力正是他父親早年對他嚴格訓練的成果。

在一些最簡單的事情上，反覆的磨煉確實會產生驚人的效果。拉小提琴看起來十分簡單，但要達到爐火純青的地步，絕對需要多次辛苦的練習。有一名年輕人曾問小提琴大師卡笛尼學拉小提琴要多長時間。卡笛尼回答道：「每天十二個小時，連續堅持十二年。」

一名芭蕾舞演員要練就一身絕技，不知道要流下多少汗水、飽嘗多少苦頭，一招一式都得花上令人難以想像的時間練習，甚至令身體傷痕累累。當泰琪妮在為她的夜晚演出做熱身時，往往還得接受她父親另外兩個小時的訓練。兩個小時過後，她已經筋疲力盡了，想躺下，卻連脫衣服的力氣都沒有，只能用海綿擦洗一下身體，藉以恢復體力。有時，人竟然累得完全失去了知覺。可是等她一上台演出，舞台上那靈巧如燕的舞步，往往令人讚歎不已。但誰能知道這是個何其痛苦的歷程呢？

台上一分鐘，台下十年功，一點點進步都是得之不易的。任何偉大的成功都不可能唾手可得。許多著名的科學家和發明家所擁有的都是勤奮刻苦的人生。對想成就大事的人來說，勤奮是最好的人格資產。誰能不停止勤奮的腳步，誰就能夠像種子不斷從土地裏汲取營養那樣，不斷地向成功的頂端靠近。

如同烏龜怎會害怕兔子靈巧的跳躍動作一樣，才智平庸的人對那些缺乏毅力的天才又有何懼？因為往往最後先抵達成功終點的，都是堅持到最後一秒鐘的烏龜和才智平庸卻不願放棄的人。

8 提升夢想的階梯

當目標不斷地實現時，一定不要滿足於當前的這個目標，必須不斷地提升，我們才能真正地永遠懷有夢想。

在實現了你所有的現實目標之後，一定不能停在這樣的狀態下，要再提升夢想。這就是我們對成功生活的第一個要求，你一定要設計你的夢想。

不要這麼輕易地就認為你已經完成了一件事情，終於可以鬆口氣了，更不要覺得人生就會順理成章地朝著理想狀態進發。沒有順理成章的事情，「努力」永遠是「成功」的兄長。只有先有「努力」，才會有後來的「成功」。你只要鬆懈一次，你就失去了一次機會；當你鬆懈的時候，你就失去了成功的機會。

夢想的設計必須在年輕的時候做，因為在真正展開人生旅程的時候，你會遇到越來越多現實的誘惑和挑戰，到那個時候，你想再冷靜下來去思考你的夢想——而你已經不再簡單和純粹了，你很有可能會因為現實的殘酷而遷就現實，不再具有夢想。

美國憑藉什麼力量如此強大？當然原因一定很多，但是你會發現美國的文化裏有一個一貫堅持的元素，這個元素就叫「永遠懷有夢想」。

中國的電影常講帝王將相的故事，而美國的很多電影卻講述未來世界。我們之所以瞭解未來宇宙和未來世界，是通過美國人的眼睛和思維方式去瞭解的，從而也彰顯出這個民族面向未來的習慣和能力。

法眼文益曾約兩個同伴去南方參學，在羅漢桂琛禪師那裏寄住一宿，第二天辭行。桂琛覺得文益還可以深造，又不便明白挽留，就指著門前一塊石頭對他說：「你是懂得唯識學的，試問這石頭是在你的心外還是心內？」

文益說：「在心內。」

桂琛說：「你是個行腳人，應該輕裝前進，為什麼安塊石頭在心內而到處走動？」

文益無言以對，便又留住月餘，仍不得其解。桂琛這才告訴他說：「若論佛法，一切現成！」

文益大悟，終成一代宗師，就是禪宗史上著名的法眼禪師。

一日，法眼問則監院：「則監院為何不入室參請？」

則監院說：「和尚你有所不知，我在青林禪師處，已經有了悟境，蒙他印可過了。」

法眼說：「你說給我聽聽。」

則監院說：「我問如何是佛，青林說：『丙丁童子來求火』。丙丁屬火，以火求火，正像我即是佛，更去求佛。」

法眼歎道：「則監院果然理解錯了。」

則監院不服氣，氣呼呼地打起包袱，渡江走了。

法眼說：「這人如果回頭，還有救；如果不回頭，就沒得救了。」

則監院走到半途，心想，法眼是一代宗師，還能騙我不成？多半是我錯了，於是又回頭再參。

法眼說：「你再問我，我為你解答。」

則監院便問：「如何是佛？」

法眼說：「丙丁童子來求火。」

則監院於言下大悟。

的確如此，只有當你的內心真正醒悟的時候，所有的外物都可以給我們力量。當你確

定了自己的夢想的時候，也就確定了自己內在的力量。

因為在人「做」什麼之前，就必定已經「是」什麼了。人只能「做」到他所「是」的程度，而我們「是」什麼，則取決於我們「想」的是什麼。我們無法顯示自己所不具備的力量，要想擁有力量，唯一的途徑就是要意識到力量的存在，而要意識到力量的存在，就必須懂得「一切力量皆來源於內心」。

人的內心世界是一個有思想、感覺和力量的世界，一個光明、鮮活和美麗的世界，儘管無法描述它，但是它所具有的強大力量卻是盡人皆知的。

一旦我們認識到自己內在世界的能力，我們就在精神上擁有了這種內在的智慧，從而擁有實際的力量和智慧，去形成那些為我們最充分、最和諧的發展所必不可少的本質要素。凡是有內在力量的人，都會產生勇氣、希望、熱情、信心、信賴和信仰，借助這些，我們會獲得非凡的才智，從而去領悟夢想，用自己實際的能力去把夢想變成現實。

第五章

難得糊塗的人生

我們不要對自己的人生有那麼多計較，
因為正是這些計較阻礙我們開悟，
阻礙我們去認識人生真正有價值的東西。
如果我們可以活得「糊塗」一點，寧做「傻瓜」，
那麼我們就會生起單純的心。

1 很多事，不知道比知道好

有一架客機在大沙漠裏不幸失事，只有十一人得以倖存。在這十一個人中，有大學教授、家庭主婦、政府官員、公司經理、部隊軍官……此外，還有一個叫艾倫的傻子。

沙漠的白晝氣溫高達五六十攝氏度，如果不能及時找到水源，人很快就會渴死。他們開始出發去找水源，並先後三次歡呼狂叫著，衝向了水草豐茂的綠洲，可那個綠洲卻無情地向後退卻，退卻，直至消失。原來都是海市蜃樓。

到了第二天的中午，當他們再一次被海市蜃樓愚弄後，所有人都倒下了，除了傻子艾倫。他焦急地向別人問道：「水不就在這裏嗎？為什麼又不見了呢？」

好心的家庭主婦告訴他：「傻艾倫，你就認命吧。那只是海市蜃樓而已。」

艾倫並不知道什麼叫作海市蜃樓，他只是感覺到自己渴得厲害，他想要喝水。他吃力地攀上了前面一座五十多米高的沙丘，突然興奮得手舞足蹈，連滾帶爬地下來，興奮地嚷著：「水塘，一個水塘！」

對艾倫的反應，沒有一個人搭理他，包括那個善良的家庭主婦。艾倫什麼也顧不上了，只是拔腿再次努力朝沙丘上爬去，他翻過了沙丘，吼叫著消失到了沙丘的另一邊。

「可憐的傻子，他瘋了！」大學教授嘟囔了一句。

二十多分鐘後，當艾倫剛衝到水塘旁時，忽然狂風驟起，頓時飛沙走石。艾倫一躍跳進了水塘中。大風整整刮了一天一夜。

過了三天後，救援人員尋找到了他們，那十個人已經全死了，有的屍首已經被沙土掩埋了。只有水塘邊的傻子艾倫安然無恙，只是瘦了些。

救援人員把艾倫帶到遇難者身邊，詢問他怎麼回事，這些人為何會死在距離水塘不到一公里的地方。

目睹著夥伴們的慘狀，艾倫哭了。

他抽泣著說：「我和他們說了那邊有個水塘，他們說那是海市蜃樓。我不懂什麼是海市蜃樓，我只是想去那邊喝水，我就拚命跑去了。真的，你們能告訴我什麼是海市蜃樓嗎？他們為什麼這樣恨海市蜃樓，寧肯被渴死，也不去喝海市蜃樓的水？」

傻傻的艾倫瞪著他那雙無知的、淚汪汪的雙眼，虔誠地向救援人員請教著。他說，這個問題已經折磨他三天了。

面對此情景，所有的人都無言以對。

有兩個落水者，一個視力極好，一個患有近視。兩個落水者在寬闊的河面上掙扎著，很快就筋疲力盡了。

突然，視力好的那位看到了前面不遠處有一艘小船，正向他們這邊漂來。患有近視的那位也模模糊糊地看到了。於是，兩人便鼓起勇氣，奮力向小船划去。

划著划著，視力好的那位便停了下來，因為他看清了，那不是一艘小船，而是一截枯朽的木頭。

但患有近視的人卻並不知道那是一截木頭，他還在奮力向前划著。當他終於划到目的地，並發現那竟然是一截枯朽的木頭時，他已離岸邊不遠了。視力好的那位就這樣在水裏喪失了生命，而患有近視的那位卻獲得了新生。

有兩個患有癌症的病人。一個人耳朵靈便，從醫生的談話中聽到他們只能活三個月的時間了。於是，他便整天鬱鬱寡歡，結果還沒到三個月就死了。另一個人的耳朵有些背，別說偷聽醫生的談話，就是你跟他直接說，他也聽不太清。奇怪的是，他不但活過了三個月，到現在已是兩年過去了，他還好好地活著。

人生中，很多事，不知道比知道好，不靈便比靈便要好，不精明比精明要好，這就是人們常說的「難得糊塗」。其實，人生本來就是糊塗的，所有的快樂和幸福都藏在糊塗中，一旦清醒了，所有的快樂和幸福也就跟著煙消雲散了。

2 勇於承認自己是錯的

承認自己是錯的，就等於承認對方是對的。你退了一步，讓對方大大前進了一步，你沒有損失什麼，卻有可能為自己帶來極大的利益。這種「糊塗的心得」很值得一學。

承認自己也許會弄錯，就絕不會惹上煩惱。因為這樣的話，不但可以避免與對方起爭執，而且還可以使對方跟你一樣寬容大度，更重要的，還會使對方承認他也可能弄錯。

如果你肯定別人錯了，並且很直率地告訴他，結果會如何呢？不論你用什麼方法指責別人，一個眼神、一種不一樣的說話聲調、一個手勢，同樣明顯地告訴別人——他錯了，你以為他會同意你嗎？絕對不會！因為這樣直接打擊了他的判斷力和自尊心。這樣只會使他反擊你，絕不會使他改變主意。即使你搬出所有「柏拉圖或康得」式的邏輯，也改變不了他的意見，因為這等於是告訴他：「我比你更聰明。我要告訴你一些道理，使你改變看法。」這只會刺激他的挑戰欲望，只會引起爭端，使他遠在你開始之前，就準備迎戰了。

有位年輕的律師，在紐約最高法院參加了一個重要案子的辯論。案子牽涉了一大筆錢和一個重要的法律問題。

在辯論中，一位最高法院的法官對他說：「『海事法』追訴的期限是六年，對嗎？」

這位律師驀然停住，看了法官半天，然後直率地說：「法官先生，『海事法』沒有追訴期限。」

庭內頓時安靜下來。

這位律師後來講述他當時的感受時說：「氣溫似乎一下子降到了冰點。我是對的，法官是錯的。我也據實告訴了他，但那樣就使他變得友善了嗎？沒有。我仍然相信法律站在我這一邊。我知道我講得比過去精彩。但我並沒有尊重他的感情——用討論的方式據理說明我的觀點，而是當眾指出一位聲望卓著、學識豐富的人錯了，從而引起爭端人的誤會。」

因此，如果有人說了一句你認為錯誤的話，即使你知道他是錯的，你也一定要這麼說：「噢，這樣的！我倒有另一種想法，但也許不對。如果我弄錯了，我很願意被糾正過

來。」用「我也許不對」這一類的句子，確實會收到神奇的效果。

佛蘭克林在年輕的時候，有好爭辯的習慣。一位教友會的老朋友把他叫到一旁，尖刻地訓斥了他一頓：「你真是無可救藥。你已經打擊了每一位和你意見不同的人。你的意見變得太珍貴了，沒有人承受得起。你的朋友發覺，如果你在場，他們會很不自在。你知道的太多了，沒有人能再教你什麼，也沒有人打算再告訴你些什麼，因為那樣他們會吃力不討好的，而且又把彼此弄得不愉快。因此，你不能再吸收新知識了，但你的舊知識又很有限。」

佛蘭克林接受了那次教訓。他明智地領悟到自己的確是那樣，也發覺他正面臨失敗和社交悲劇的命運。他下決心要改掉傲慢、粗野的習慣。

「我立下一條規矩，」佛蘭克林說，「絕不准自己太武斷。我甚至不准自己在文字或語言上有太肯定的意見表達，比如不用『當然』、『無疑』等，而改用『我想』、『我假設』、『我想像一件事該這樣或那樣』或『目前，我看來是如此』。當別人陳述一件事而我不以為然時，我絕不立刻駁斥他或立即指正他的錯誤。我會在回答的時候，表示在某些條件和情況下，他的意見沒有錯，但在目前這件事上，看來好像稍有不同，等等。我很快就有了收穫：凡是有我參與的談話，氣氛都融洽多了。我以謙虛的態度來表達自己的意見，不但容易被他人接受，更減少了一些不必要的衝突。我發現自己有錯時，我沒有遇到什麼難堪的場面；而我自己碰巧是對的時候，更能使對方不固執己見而贊同我。

「我最初採用這種方法時，確實和我的本性相衝突，但久而久之就逐漸習慣了。也許五十年來，沒有人聽我講什麼太武斷的話，這是我提交新法案或修改舊條文能得到同胞的重視，而且在成為民眾協會的一員後具有相當影響力的重要原因。我不善辭令，更談不上雄辯，遣詞用字也很遲疑，還會說錯話，但一般說來，我的意見還是會得到廣泛的支援。」

針對這一點，卡內基先生也有同樣的感受。

他說，有一次，他的朋友艾倫請一位室內設計師為他的臥室佈置一些窗簾。等帳單送來，艾倫大吃一驚。

過了幾天，一位朋友來看艾倫，看到那些窗簾，問起價錢。當這位朋友知道窗簾的價錢後，他面有怒色地說：「什麼？太過分了，我看那位設計師占了你的便宜。」

事實上，這位朋友說的的確是實話，可是很少有人肯聽別人羞辱自己判斷力

的實話。身為一個凡人，艾倫開始為自己辯護。他說貴的東西終究有貴的價值，你不可能以便宜的價錢買到品質高而又有藝術品味的東西，等等。

第二天，另一位朋友也來拜訪艾倫，他開始讚揚那些窗簾，表現得很熱心，說他希望自己家裏也購買得起那些精美的窗簾。

艾倫的反應完全不一樣了。「說句老實話，」他說，「我自己也負擔不起，我所付的價錢太高了。我後悔定了這些。」

當我們錯的時候，也許會對自己承認錯誤。而如果對方處理的方法很適合，而且態度友善可親，我們也會對對方承認錯誤，甚至為自己的坦白直率而自豪。但如果有人想把「難以下嚥」的事實硬塞進我們的食道，你想，我們的感覺將會如何？

3 戒掉傲氣，永遠做謙遜的人

永遠做謙遜的人，實際上就是讓自己做一個被人們認同和喜愛的人。要做一個謙遜的人，就要戒驕矜。

因為具有驕矜之氣的人，他們大多自以為能力很強，很了不起，他們做事總比別人強，看不起別人。由於驕傲，則往往聽不進去別人的意見；由於自大，則做事專橫，輕視有才能的人，看不到別人的長處。驕矜對我們的危害性是很大的，這一點古人認識得十分清楚。

一代名君唐太宗曾對侍臣說過：「天下太平了，自然驕矜奢侈之風容易出現，驕矜奢侈則會招致危難滅亡。」

魯哀公十一年，在一場抵禦齊國進攻的戰鬥中，右翼軍潰退了。孟之反走在

最後，充當殿軍，掩護部隊後撤。進入城門的時候，孟之反用鞭子抽打馬匹，說道：「不是我敢於殿後，是馬跑不快。」他這樣做，是為了掩蓋自己的功勞。從另一方面說，人立身處世，不矜功自誇，可以很好地保護自己。

韓信是漢朝的第一大功臣：在漢中獻計出兵陳倉，平定三秦；率軍破魏，俘獲魏王豹；攻下代，活捉夏說；破趙，斬成安君，捉住趙王歇；收降燕；掃蕩齊；歷挫楚軍。連最後垓下消滅項羽，也主要靠他率軍前來合圍。

司馬遷說：漢朝的天下，三分之二是韓信打下來的；項羽，是靠韓信消滅的。但是，功高震主，本來就犯了大忌，加上他又不能謙退自處，看到曾經是他的部下的曹參、灌嬰、張蒼、傅寬等都分土封侯，與自己平起平坐，心中難免矜功不平。

樊噲是一員勇將，又是劉邦的姨夫，韓信每次訪問他，他都是「拜迎送」。但韓信一出門，就要說：我今天倒與這樣的人為伍！這樣，韓信終於一步步走上了絕路。

唐代的杜審言，是杜甫的祖父。他在唐中宗時做過修文館學士，為人恃才自傲，曾對人說：「我的文章那麼好，應該讓屈原、宋玉來做我的衙役，我的字足以讓王羲之北面朝拜。」杜審言有些太自不量力了，所以被後世的人們所嘲笑。

這樣驕傲自誇只是顯出了他的見識短淺，並沒有人認為他的才能真的有那麼大。

《勸忍百箴》中對「驕矜」問題是這樣論述的：金玉滿堂，沒有人能夠把守住。富貴而驕奢，只會自食其果。

君主對人傲慢會失去政權，大夫對人傲慢會失去領地。魏文侯接受了田子方的教誨，不敢以富貴自高自大。

驕傲自誇，是出現惡果的先兆，而過於驕奢註定要滅亡。

人們如果不聽先哲的話，後果將會怎樣呢？賈思伯平易近人，禮賢下士，客人不理解其謙遜的原因。賈思伯回答了四個字：驕至便衰。

確實是這樣。現代人最大的問題，就是驕矜之氣盛行。千罪百惡都產生於驕傲自大。驕橫自大的人，他們不肯屈就於人，不能忍讓於人。做領導的過於驕橫，則不可能很好地指揮下屬；做下屬的過於驕傲，則會不服從領導；做兒子的過於驕矜，眼裏就沒有父母，自然不會孝順。

驕矜的對立面是謙恭、禮讓。要忍耐驕矜之態，必須做到不居功自傲，要自我約束，克制驕傲情緒的產生。要常常考慮到自己的問題和錯誤，虛心地向他人請教學習。謙遜是古今中外名人的共同特質。

湯瑪斯・傑弗遜是美國第三任總統，一七八五年他曾擔任美國駐法大使。一天，他去法國外長的公寓拜訪。

「您代替了佛蘭克林先生？」法國外長問。

「是接替他，沒有人能夠代替得了佛蘭克林先生。」傑弗遜謙遜地回答說。

傑弗遜的謙遜給法國外長留下了深刻印象。

無獨有偶，在第二次世界大戰之後，因為邱吉爾有卓越功勳，在他退位時，英國國會打算通過提案，塑造一尊他的銅像放在公園裏供遊人景仰。一般人享此殊榮，高興還來不及，邱吉爾卻謙遜地拒絕了。

貢獻巨大的物理學家焦耳去世前兩年對他的弟弟謙遜地說：「我一生只做了兩三件事，沒有什麼值得炫耀的。」

記得一位哲學家說過這樣一句話：自誇是明智者所避免的，卻是愚蠢者所追求的。

真正的明智者之所以不會自吹自擂，因為他覺得宇宙廣大、學海無涯、技藝無窮，終其一生，也不能洞悉其中的全部奧秘。而一切平庸之輩，滿足於一知半解，滿足於點滴成績，他們用富麗堂皇的話語來裝飾自己，以討得廉價的喝彩。

人們所尊敬的是那些謙遜的人，而決不會是那些愛慕虛榮和自誇的人。如果一個人喜歡自大自誇，看不起他人的工作，就會失去自己的功勞。

4 吃虧也是一種藝術

在這個現實的社會中，喜歡佔便宜的人有很多，他們的眼光只是放在生活的表面，不願放棄一切與自己有關的利益。殊不知，這樣做往往不會有好的結果。

一天，父親煮了兩碗荷包蛋麵條，一個上面有蛋，另一個上面沒有蛋。父親將兩碗麵條端到桌上，問兒子：「吃哪一碗？」

兒子指著有蛋的那碗說：「就這碗。」

父親說：「讓爸爸吃那碗有蛋的吧，孔融七歲讓梨，你都十歲啦，該讓蛋。」

兒子爭辯道：「不讓。孔融是孔融，我是我。」

「真不讓？」父親問道。

「真不讓。」兒子回答道，並且還一口將蛋咬了一半。

父親又問：「不後悔？」

兒子：「不後悔。」說完，又把另一半蛋吞了下去。

等兒子吃完後，父親開始吃他那碗麵條，當兒子看到父親的碗底藏有兩個荷包蛋時，頓時傻眼了。

父親指著碗裏的荷包蛋說道：「記住，越是想佔便宜的人，越占不到便宜。」

第二天，父親又做了兩碗荷包蛋麵條，還是一樣，端上桌，問兒子：「吃哪碗？」

兒子很快端起了無蛋的那碗，說道：「孔融讓梨，我讓蛋。」

父親問：「不後悔？」

兒子很堅決地回答說：「不後悔。」

可兒子吃到底，都沒發現一個蛋，倒是父親碗中上臥一個，下藏一個，兒子又傻眼了。

父親教訓道：「記住，想要占別人便宜的人，可能會吃虧。」

第三天，父親依然像前兩天一樣做了兩碗荷包蛋麵條，問道：「吃哪碗？」

這回，兒子誠懇地回答說：「孔融讓梨，兒子讓麵，爸爸您是大人，您先吃。」

父親端起上邊有蛋的那碗，兒子端起另一碗，發現其中也藏著一個荷包蛋。

從這個故事中可以看出，越是不肯吃虧的人，越容易吃虧，不僅吃虧，往往還會吃大虧。只有那些不計較吃虧的人，才會真正有福。

縱觀古今，但凡那些有作為的人，都是在不斷吃虧中成熟、成長起來的，從而變得更加聰慧、睿智。吃虧，雖然意味著捨棄與犧牲，但卻也是一種藝術，同時不失為一種品質、一種風度、一種胸懷。那些貪心的人，總是想方設法去算計別人，在熱情、關切的背後，更多的是肆無忌憚地對別人的進攻和傷害。只有那些不怕吃虧的人，才會在一種平和、自由的心境中感受到人生最大的幸福。

世界上沒有白占的便宜，那些愛佔便宜的人終究要付出沉重的代價。日常生活中，常常有些人遇便宜就占，即便是蠅頭小利，也志在必得。他們若是占了點別人的便宜，心裏就會像吃了蜜一樣甜。不過，他們每占一份便宜，就會失掉一份人格，失掉一份尊嚴。畢竟，天底下不會有白占的便宜。從某種意義上來說，吃虧也是一種藝術，是一種境界，是一種大度，是一種人格上的昇華。倘若能夠在物質利益上做到寬宏大量，在人際交往中尊重他人，以吃虧為榮、為樂，必定會贏得他人的尊重。

做人就應學會適當地讓步，然後在錯誤中吸取教訓，確保在以後不會再犯同樣的錯誤，而不是陷入斤斤計較的怪圈中無法自拔。總之，往後退一步，你就會發現現處位置更有利於欣賞眼前的風景。

宋朝有一名官員，名叫李士衡。一次，當他率領船隊經過琉球群島時，當地的國王按照爵位的高低，賞賜了他們很多財物。因事物比較繁忙，李士衡便將裝船的任務交給了副官。副官在裝船前，發現船底有一個小洞，船艙裏也進了點水，於是，他就不動聲色地將李士衡得到的絲綢、香料等物放在了船底，把自己的東西放在了最上面。在返航途中，他們突然遭遇了一場風暴，船隻也正在慢慢下沉。船員們便吵著要丟掉一些貨物，以減輕重量。副官也很著急，於是就只好將自己的東西全都扔到了海裏，而李士衡的東西則完好無損。

由此可見，很多時候我們看似吃了虧，但等到後來再回頭看這件事的時候，就會發現，正是因為當初的吃虧，才使自己幸運地躲開了很多災難，成為最後的贏家。

生活中，有不少人在與別人合作的時候，因為某些原因，與對方反目成仇，雙方也都搞得很不開心。而有個人卻不一樣，他就是香港富商李嘉誠之子——李澤楷。李澤楷曾經與朋友合夥做生意，不料，幾年後的一筆生意讓他們把所賺的錢全部賠了進去，只剩下了一些設備，但他們並沒有相互埋怨，而且，李澤楷還對朋友說：「這些全歸你吧，你想怎

麼處理就怎麼處理。」相信很多人都認為李澤楷這種做法是糊塗的表現，其實，這叫「好聚好散」，雖然生意沒了，但人情還在。

後來，有人問李澤楷：「你父親教了你一些成功賺錢的秘訣嗎？」李澤楷回答說：「賺錢的方法，我父親並沒有教，他只教了我一些做人的道理。」李嘉誠曾經這樣教導李澤楷說：「與別人合作，假如我們拿七分合理，那麼李家拿六分就可以了。」

李嘉誠的意思就是，吃虧可以爭取到更多的人願意與你合作。李嘉誠一生與很多人都有過長期或短期的合作，當雙方的合作結束的時候，他總是願意自己少分一點錢；若生意做得很不理想，他便什麼都不要了，寧願自己吃虧。正是他擁有這種風度、這種氣量，才有人樂於跟他合作，他的生意也就越做越大。所以說，李嘉誠成功的關鍵就在於他那恰到好處的處世交友經驗。

由此可知，吃虧是福，是一個人最大的智慧。不管你是老闆，還是生意場上的夥伴，當殘酷的現實需要你做出捨棄和犧牲時，如果你能夠捨棄、犧牲某些利益，能夠坦然面對眼前的「虧」，將會有助於你塑造良好的自我形象，獲得他人的認同、好感，從此在生活中來去自如。

所以，我們應該學會敢於吃虧、主動吃虧，因為吃虧是人格的最好體現。吃虧，不僅是一種福氣，還蘊藏著為人處世的大道理。

一輛滿載一車貨的汽車被卡在大橋下，其緣由是汽車裝的貨物太滿，超過了橋的高度。即使貨物的高度僅比橋的高度多出幾釐米，但汽車依然無法通過。由於趕時間，司機在無可奈何的情況下只得向周圍的人求救，渴望找到一個既省時又省力的辦法。

幾個身強力壯的年輕人建議：「找幾個人把車頂的貨物卸下來一點，等你過了大橋，再裝上去……」然而，這個建議被在場的人們一致否決，畢竟車上的貨物都是由專業裝卸工裝上去的，且不說卸下來較為困難，卸下後再裝上去也是一件異常困難的事情，況且這是最浪費時間和人力的辦法。

正在這時，另外一個年輕人提議：「貨物不是只比橋高一點嗎？能否找幾個人上到車頂，盡力把貨物向下踩一踩，這樣貨物不是就能低一些，而使汽車能順利通過大橋了嗎。

司機一聽，連連擺手，搖著頭說：「這萬萬不可，上面裝的全是易碎物品，嚴禁踩踏。我這一路走得十分小心，生怕顛簸，怎能上去踩呢？」

一個個建議都被否決了，人們都很熱心地幫助司機尋找辦法，但卻沒有找到一個合適、安全、快捷的方法。

正在他們躊躇的時候，一個過路的老者在瞭解了來龍去脈後，不緊不慢地說：「你嘗試著把車胎裏的氣放出來一些，如何？」人們為此深感困惑，短短的幾分鐘後，他們均伸出大拇指誇讚這個辦法如此之妙。果然，司機僅僅放了車胎裏的一點氣，就順順利利地通過了大橋。

給車胎放氣，讓自己變軟一點，就可以暢通無阻，正所謂：「吃小虧得大便宜」。那些經常讓步和吃虧的人總被人稱為「傻瓜」，但讓一步、虧一點何嘗不是大智慧的體現呢？人之初，性本善，將心比心，人心都是肉長的，或許你此時的一點小虧便能在未來的日子裏得到極大的回報。

在做生意的過程中，若想長久永駐，就必須使自己吃點小虧。畢竟人都有趨利的本性，如果你吃一點兒虧，讓別人得利，就能最大限度地調動別人的積極性。只有這樣，你才能贏得更多的合作者。

對喜歡佔便宜的人們來說，他們總是盯著眼前的利益，從不為他人考慮，久而久之，與之相處的人就會對其反感，在無形中便會抵觸與其相處、合作。不懂吃虧的人，在做人方面吃了大虧，只會使自己的道路越走越窄。

請記住，你每占一份小便宜，就會丟掉一份人格、一份尊嚴。而一個懂得吃虧、敢於吃虧的人，他不但不會因為吃「眼前虧」而喪失自己的人格，反而更能顯示其深層次的魅力。

樂於吃虧，既是一種境界，又是一種自律；既是一種大度，又是一種人格昇華。任何一個有所作為的人，均是在不斷吃虧中而成長起來的，並由此變得十分聰慧、異常睿智。

5 不一定要「功成身退」，但要學會「見好就收」

唐代的順宗在做太子時，亦好出壯語，慨然天下為己任。太子有能名，服人心，自然也是使自己順利當上皇帝的一個先決條件。但太子能過父皇，又往往有「逼父退位」的舉動，所以就會遭到父皇的猜忌而被廢黜。聰明的太子因此必須不能表現出太強的才幹，造成太響的名氣。

順宗做太子時，曾對東宮僚屬說：「我要竭盡全力，向父皇進言革除弊政的計畫。」他的幕僚王叔文於是告誡他：「作為太子，首先要盡孝道，多向父皇請安，問起居、飲食、冷暖之事，不宜多言國事。況且改革一事又屬當前敏感問題，你若過分熱心，別人會以為你邀名邀利，招攬人心。如果陛下因此而疑忌於你，你將何以自明？」

太子聽得如雷貫耳，於是立刻閉嘴黜言。德宗晚年荒淫，太子始終不聲不響，直至熬到繼位，方有了唐後期著名的「順宗改革」。

而隋煬帝的太子楊暕就沒那麼好的涵養了。一次父子同獵，煬帝一無所獲，而太子滿載而歸。煬帝本來就感到太子對自己不夠尊重，這一下被兒子比得抬不起頭來，於是把楊暕的太子名號給廢了。

在今天，「功成身退」的思想對許多人來講已經不太靈驗了。它會使人失去積極的進取心，從而滿足於現狀，當一天和尚撞一天鐘，這是其糟糕之處。

但事實上，這裏提出的「功成身退」僅是一種退守策略，是指一個人能把握住機會，獲得一定成功後，急流勇退，將一切名利都拋開，這樣才合乎自然法則。因為無論名或利，在達到頂峰之後，都會走向其反面。

中國歷史上，這種例子不勝枚舉。

漢高祖劉邦的軍師張良在輔佐劉邦獲得天下之後，便毅然光榮隱退。他向劉邦請求：「我是你成為帝王的『三寸不爛之舌』的軍師，蒙恩拜領萬戶封地，名列公侯。我的任務至此已經完成。從今以後，我要捨棄主俗，漫遊仙界。」劉邦應允了他的請求，所以，張良才得以功成身退，安享晚年。

西元前五世紀，在今天的蘇杭一帶，有吳、越兩國。兩國雖然相鄰，但是為了爭奪霸業，都互不相讓，相互對抗。後來，越王勾踐敗於吳王夫差之手，不得不逃亡會稽山，忍辱負重與吳國談和。在幾經交涉後，吳國才答應讓勾踐回國。勾踐回國後一直記著所受的恥辱，他臥薪嚐膽，立誓雪恥。二十年後，終於滅了吳國。而幫助越王成功的就是范蠡。范蠡不但是一個忠心耿耿的臣子，而且是一個理智的智者。

范蠡被任命為大將軍後，自忖：長久在得意之至的君主手下工作是危機的根源。勾踐這個人，雖然可以與他分擔勞苦，但是不能與他共用成果。

於是范蠡便向勾踐表明自己的辭意。勾踐並不知道范蠡的真實意圖，於是拚命挽留他。但范蠡去意已定，搬到齊國居住，自此與勾踐一刀兩斷，不再往來。

移居齊國後，范蠡不問政事，與兒子共同經商，很快成為富甲一方的大富翁。齊王也看中他的能力，想請他當宰相。但他婉言謝絕。他深知，「在野而擁有千萬財富，在朝而榮任一國宰相，這確實是莫大的榮耀。可是，榮耀太長久了反而會成為禍害的根源」。於是，他將財產分給眾人，又悄悄離開了齊國，到了陶地。不久後，他又在陶經營商業成功，積存了百萬財富。可見范蠡才智過人，並具有過人的洞察力。他之所以離開越國，拒絕齊王的招聘，以及成功地經營事業，這些都在於他深刻敏銳的洞察力所致。有一句成語叫「明哲保身」，「明哲」就是指深刻的洞察力，即發揮深刻的洞察力來保全自己。范蠡正是這種能夠明哲保身的人。

現在的人把「明哲保身」和「但求無過」聯繫在一起，實際上是不恰當的。前者是一種積極而充滿智慧的處世方式，而後者則是一種消極被動的應世方法，二者具有本質的區別。

「明哲保身」的人，可以像范蠡那樣用自己的洞察力去應付世事，從而獲得成功；而「但求無過」的人，只能處處受別人的左右，從而不但喪失自己的個性，而且也不會獲得事業的成功。

所以這裏說的「見好就收」，只是提醒大家不要太執著，因為執著與糊塗正好背道而馳。禪，尤其禁止執著心。

那是馬祖和尚和南嶽和尚正在修行時所發生的事情。

一天，南嶽和尚來拜訪馬祖和尚，問道：「馬祖，你最近在做什麼？」

「我每天都在坐禪。」馬祖回道。

「哦，原來如此。你坐禪的目的是什麼？」南嶽和尚又問道。

「當然為了成佛呀！」馬祖又回道。

坐禪是為了觀照真正的自我，而悟道成佛，這是一般人對坐禪的認識。馬祖也這麼認為，因此才去坐禪。

可是，南嶽和尚一聽到馬祖的話，竟然拿來一枚瓦片，默默地磨了起來。覺得不可思議的馬祖便開口問：「你究竟想幹什麼啊？」

南嶽和尚平靜地回答：「你沒有看到我在磨瓦嗎？」

「你磨瓦做什麼？」馬祖很奇怪。

「做鏡子。」南嶽和尚回答。

「大師，瓦片是沒法磨成鏡子的。」馬祖說道。

「馬祖啊，坐禪也是不能成佛的。」南嶽和尚順口說道。

南嶽和尚用「瓦片不能磨成鏡子」的道理來告訴馬祖「坐禪也不能成佛」的原因，這段對話的內容看似簡單，有點滑稽，實際上意義非常深遠。

如前所述，一般人都認為坐禪是悟道成佛的唯一方法。因此他們在修行時，非常重視坐禪，主張徹底地去「坐」。不過，南嶽和尚看到馬祖天天坐禪的生活，卻予以了否定的評價。為什麼呢？

南嶽的言外之意是想告訴馬祖，他過分執著坐禪的形式和手段了。雖然坐禪很有意義，可是如果被坐禪束縛，心的自由就會受到制約、控制，也就無法悟道成佛了。因此，我們雖然提倡坐禪，但一旦過分執著其中，反而需要予以否定了。

如此這般，以「禪」的立場來看，執著必須全被否定，否則一旦陷入執著中，就什麼東西都得不到了。

換言之，人們常常執著一些東西來過日子，可是一旦持有執著的心情，就無法真正自由地生活，也無法來謀求自我實現。那麼，如果過分執著一件事，會變成什麼樣子呢？一位大學考試失利的青年，被母親帶來見日本的關大徹和尚。這位青年為了上一所一流大學，從小就努力用功，可是，一流大學的圍牆太厚，他連連失敗，結果便想吃安眠藥自殺。

青年的腦袋瓜裏面，因為有「不入一流大學寧可死」的想法，所以他的思考便陷入執著中。考取一流大學是他的人生目標，只要能爭取，萬事都可一帆風順。總之，他太過於執著要進一流大學的想法，所以在經過幾次的挑戰失敗後，由於自己無法超越這層障壁，因此只好選擇死亡。

執著心往往會使你的視野狹窄。其實一流大學並不是人生的全部——如果不這樣想，自己很多堅強的想法都會一一失去，最後走上極端。就像這位青年一樣，選擇自殺的方法，以否定自我。那是因為他的那顆執著心，使他硬化起來的緣故。

所以人必須放棄執著心，看淡一點，看開一些，退一步海闊天空嘛。這才是糊塗學所宣導的智慧人生。

6 不戚戚於貪念，不汲汲於富貴

人生就像一場田徑比賽，不管你多麼努力，技術運用得多麼出色，結果總會有相對於第一名的落後者。享受歡呼的，僅僅是那成千上萬名中第一個衝到終點的幸運兒。生活又何嘗不是這樣？相對於那些在某一領域中因出類拔萃而獲得萬眾矚目的人物來說，絕大多數的人都是那些在平凡的工作、平凡的家庭中默默盡力的人。而且，人生風雲變幻，又有多少人沒有品嘗過世事滄桑的滋味呢？

從社會的需要來說，每一種工作都是必需的。只要每個人做好了自己的分內工作，能夠維持物質的豐厚，能夠促成社會的繁榮，他就應該自傲而自豪。若從生活的價值來說，能夠體味人生的酸甜苦辣，做過了自己所喜歡的事，沒有「虐待」這百歲年華的生命，心靈從容富足，則在富在貧，皆足安心，即所謂「不戚戚於貧賤，不汲汲於富貴」。

在這個問題上，孔子有一句著名的話，叫「不義而富且貴，於我如浮雲」。他說：人

皆有利心，此不可免，但是要去貧賤，求富貴，均必須以是否符合「義」為前提。「不以其道得之，不處也」，「不以其道得之，不去也」，不能嗜欲太過，乃至不顧一切，以不正當的手段去謀求富貴。

中國人歷來提倡以「不貪為寶」的品德。春秋時宋國有賢人子罕，官至輔政。國中有人得了一塊碩大而又明潔的美玉，於是趕快就去獻給他，可是子罕不受。獻玉者問他：「你為何不要這塊玉？這是件玉匠鑒定過的寶物，價值連城啊！」子罕聽了，回答說：「我以『不貪』為寶，而你以玉為寶，應該各安其寶。請你把玉拿回去吧！」

在子罕看來，此玉不過是「刀刃之飴」，有何可羨？

持身不貪，才是最可寶貴的品德。

在我們的生活裏，常會有這種「玉」，即使無人拿來獻給你，它也會在那裏溫潤晶瑩地誘惑著你。

有多少人受了這種燦爛的誘惑，步趨而去，結果把立世持身的「寶」給失去了。

元代有一位著名的教育家叫許衡，一年夏天與眾人行路，渴甚。正巧路邊有一片梨林，大家一哄而上，摘梨解渴，唯許衡不動。人問他為何不吃，這梨樹無主啊。許衡答曰：「不是自己的東西，就不該亂拿。現在世道混亂，梨樹無主，但難道我的心也無主嗎？」

「不貪」就應該是我們的「心中之主」。

貪婪是災禍的根源，是成功之路上的沼澤，也是最致命的性格之一。

從前，有一個放羊的男孩，在一個偶然的機會，他發現了一個深不可測的山洞。這個地方很隱蔽，他從未去過。

好奇心促使他一步步地向山洞深處走去，突然，在洞的深處，他發現了一座金光閃閃的寶庫。天哪，這是不是人們常說的天下第一寶藏呢？

放羊的男孩很是好奇，他從來沒有見到過這麼多的金子。他小心翼翼地從「金山」上拿了一塊小小的金條，並且自言自語道：「要是財主不再讓我幫他放羊的話，這塊金子也夠我生活一段時間了。」他邊說邊從寶庫回到放羊的山上，

然後不急不忙地將羊趕回財主家。他如實地將這一天的發現告訴了財主，還把自己揀到的那塊金子拿出來給財主看，讓其辨別真假。

財主一看、二摸、三咬之後，一把將放羊的男孩拉到身邊，急切地問藏金子的寶庫在哪裏。男孩把藏金子的寶庫的大體位置告訴了財主。財主馬上命令管家與手下們直奔男孩放羊的那座山，他還擔心男孩的話不真，讓男孩為他們帶路。

財主很快見到了那座金山，他高興得不得了。他想：這下我可發了大財了。他趕忙將金子裝進自己的衣袋，還讓一起進來的手下猛拿那些金子。就在他們把小男孩支走、準備帶走所有金子的時候，洞裏的神仙發話了：「人啊，別讓欲望負重太多，天一黑下來，山門就要關了，到時候，你們不僅得不到半兩金子，連老命也會丟掉在這裏，別太貪婪了。」

可是財主哪裏聽得進去，他想：這個山洞這麼空闊，且又那麼堅硬，就是天大的石頭砸下來，也砸不到自己的頭上，何況這裏還有這麼多的金子呀；不拿白不拿，多拿一點又有什麼，擁有了這些金子，出去後我不就是大富翁了嗎？

於是財主還是不停地搬運金子，非要把這座金山搬空不可。不料，一陣轟隆隆的雷聲響起後，山洞全被地下冒出的岩漿吞沒掉了，那財主別說是當富翁了，他把自己的小命都丟在了岩漿之中，這個山洞已成了他的墳墓。

人是一種社會動物，無論是什麼人，只要進入社會，接觸到物質利益，心裏都會產生種種欲望，這就是「貪婪」產生的自然原因。

誠然，生物學家都知道，動物的基因是自私的。牠們必須自私，因為牠們的基因是為了爭取生存。當那些為了爭取生存的基因和牠們的等位基因發生你死我活的競爭的時候，牠們只有擊敗對手，犧牲等位基因才有自己生存的權利。

人是由遺傳基因發展形成，人之自私大抵發源於此。自私就必然會導致「貪婪」這種性格的產生。但是，如果僅僅認為基因必須自私而心安理得，而丟棄自己更重要的一部分——靈魂，剩下的只是一副軀殼，你就會變得毫無人的力量，即使血肉仍附在你的身軀上，你仍然與普通動物沒有什麼區別。

不論在什麼社會、哪個國家，貪婪者都是卑鄙的，是會遭人唾棄的，都會受到社會的譴責，受到公眾的鄙視。因為「貪婪」這塊性格的存在，也常常導致許許多多的慘劇發生。

毫無疑問，人的貪婪與否，其欲望的多少，直接關係到這個人人品的汙潔和他事業的成敗，也直接決定著人的整體價值。「人只一念貪私，便銷剛為柔，塞智為昏，變恩為仇，染潔為汙，壞了一生人品，故古人以不貪為寶，所以度越一世」。也就是說，只要一

個人的心中出現一點貪婪或私心雜念，他本來的剛直性格就會變得懦弱，他就會由聰明變得昏庸，由慈悲變得冷酷。

欲望太多、太重，會讓負重的人因此陷入人生的陷阱中。

人有七情，也有六欲，這本屬正常，也是作為一個人在物質社會裏不可或缺的東西。可是六欲不能太重，七情亦不能太多，只有平衡協調，一個人才能在社會上不被欲望所左右。否則，「貪婪」一定會成為自己利益的「馬前卒」或是非法財富的掠奪者。那麼總有一天，人生的金礦下也會冒出無情的地火，美好的生活就會坍塌在瞬間。

7 嘲弄他人是缺「德」，反省自己是美德

在人際關係中，做了好事，也常常被人誤解。在這樣的時候，如果和人論高低，那就不免小家子氣，你做好事或行動的動機也就不純了。古人有所謂「行善不圖報答」之說。能夠忍讓的人，在這時也會裝糊塗，這樣的勇氣和耐心都是非凡的。等到終於水落石出時，人家會更加敬重你這樣的人。

曹節，一向很仁慈厚道，隔壁鄰居的一頭豬丟失了，那頭豬與曹節家中的豬很相似，鄰居便到曹節家中認領。曹節沒有和鄰居爭論。後來，鄰居的豬竟自己跑回來。鄰居感到十分羞愧，去給曹節認錯並還了他的小豬。曹節笑笑，收下了小豬。

陳重被推薦為「孝廉」典範。他在衙門中當官時，同衙門的一個官員負了數十萬錢的債務，債主每天登門，不斷地催債。陳重就暗地裏用自己的錢為這個官員還清了債。這個官員後來知道了這件事，非常感謝他。陳重卻說：「不是我做的，大概是同姓名的人做的吧。」始終不提「代人還債」的恩惠。

傅堯俞任徐州太守時，前任太守挪用了公家的錢物，傅堯俞暗暗地替前任太守還債，還沒有還齊，他就被罷免了。接任太守反而寫信給傅堯俞，說應當再還一千緡。傅堯俞拿出全部家產，還借了錢，才將這筆款子還齊。後來上面檢查得到證據，證明這錢不是傅堯俞挪用的，他自己也沒有申辯。傅堯俞能容忍而不計較竟到了這種地步。

所以，即使和你打交道的是小人，你也應當以忍讓為先。最聰明的是尋求到對付小人的辦法。知道他是小人，就用對待小人的方式對待他。不要反過來報復他，如果這樣做，你自己豈不也變成了小人嗎？

如果有人詆毀你，只要你確定一下這件事是不是你做的，如果不是你做的，有道理的是你，而沒有道理的是他，何必去計較他什麼呢？

韓琦曾說，無論是君子還是小人，都應當以誠相待。如果你知道他是小人，與他交往少一點，淺一點就行了。一般人遇到有小人欺負自己的時候，總想要揭露這個小人，而韓琦不是這樣。揭露出小人當然可以使大家認清這個小人的真面目，但是韓琦每每受到小人欺負，卻暗暗地接受下來，不在神色上表現出來。

對別人所施加的羞辱和難堪，只在你一念之間；說它有，它就有；說它無，它就無。小時候，聽到孩子們對罵，有的成年人就會以調侃的口氣勸道，說罵人的話又沾不到自己身上，還不是讓他人過過嘴巴的癮，你權當沒聽見就是了。話雖近謔而實在理。我們應該以寬容的心境面對羞辱，無論對方是有意的，還是無意的，以免得事態擴大化。解脫的方法很多，其中之一是幽默，也就是「胡說」，不妨滑稽一下。

隨著年齡的增長，人會逐漸成熟。在你成熟的過程中，反觀自己以前的作為，常常不免覺得好笑——過去的人生猶如一場兒童遊戲。但在當時，你卻很偏執，身在局中，執迷不悟，目光短淺，心胸狹窄。當心智的純熟足以覺悟到自己的可笑時，對人生幽默的情懷也就油然而生了。

孔子到了鄭國，與弟子們失散了。於是孔子獨自站在城郭東門。

鄭人對子貢說：「東門有個人，長得奇形怪狀，模樣好像喪家之狗！」

子貢就把這話告訴了自己的老師。孔子欣然笑著說：「說我『像喪家之狗』，是這樣的啊，是這樣的啊！」

孔子竟當著學生的面被罵作「喪家之狗」，而他又樂哈哈地接受下來，這就是偉人的氣度了。

一個人如果能夠反省自己，大抵也可以察覺別人的失誤。

凡人都有自尊心，有的人的自尊心強烈而敏感，因而也特別脆弱，稍一觸及便有反應，輕則拉下臉來，重則立即還擊，結果常常是爭了面子沒面子。善自嘲者的自尊心就平實得多，輕易傷不著。你說我是「混蛋」，我說「不勝榮幸」，你還能說什麼呢？

反省不是自貶和怯弱，而是一種瀟灑的自尊，大度的情懷。人際場上、官場上、生意場上，反省是輕鬆地保持自尊的武器，即使真的偶遇尷尬事，反省一下找台階下。

反省被稱為聰明人駕馭語言藝術的最高境界，能反省者必須是智者中的智者，高手中的高手。

反省是缺乏自信者不敢使用的技術，因為他們不敢反省一下，拿自身的失誤、不足甚至生理缺陷來「開刀」。反省的人對自己的「醜處」、「羞處」不予遮掩、躲避，反而把它剖析，然後巧妙地引申發揮、自圓其說。因此，沒有豁達、樂觀、超脫、調侃的心態和胸懷，是無法做到的。可以推測，那些自以為是、斤斤計較、尖酸刻薄的人，難以望其項背。

反省最為安全。你可用它在尷尬中自找台階，保住面子；可以在公共場合獲得人情味。學會反省，你就會擁有一個平穩、健康的心理，一副健康的體魄。

善於反省者，必定熱愛生活，有生活情趣。如果不熱愛生活，誰會去發現自己的「可笑之處」，怎麼會覺得這「可笑之處」「可笑」，又怎麼會將這「可笑之處」講出來呢？不熱愛生活的人，不會主動去找樂，更不會在自己身上找樂，他只會在別人身上找樂來滿足自己。

對我們來說，凡是反省自己的問題，或笑自己那些做得不很漂亮的事情，會使我們變得較有人性，並給人一種和藹可親的感覺。

合理地反省，不失為一種良好修養，一種充滿活力的交際技巧。自嘲，能製造寬鬆和諧的交談氣氛，能使自己活得輕鬆灑脫，使人感到你的可愛和人情味，有時還能更有效地維護你的面子，幫你建立起新的心理平衡。

古代有個石學士，一次騎驢不慎摔在地上。遇到這種情況，一般人一定會不知所措，可這位石學士卻不慌不忙地站起來說：「虧我是『石』學士，要是

『瓦』的，還不摔成碎片？」一句妙語，說得在場的人哈哈大笑，自然這石學士也在笑聲中免去了難堪。

以此類推，一位胖子摔倒了，可說：「如果不是這一身肉托著，還不把骨頭摔折了？」換成瘦子，又可說：「要不是重量輕，這一摔就成了肉餅了！」

由此可見，自嘲時要對著自己的某個缺點「猛烈開火」，這樣容易及時改正。單就這份氣度和勇氣，別人也不會笑你。

嘲弄他人是缺「德」，反省自己是美德。一個反省的人，是有智慧和情趣的人，也是一個勇敢和坦誠的人，更是一個將自己上上下下、裏裏外外看得很明白的人。

在社交場合中，反省是不可多得的靈丹妙藥，智者的金科玉律便是：不論你想笑別人怎樣，先反省你自己，這樣還能拉近與別人的距離。

8 人生減省一分，便超脫一分

《菜根譚》中指出：「人生減省一分，但超脫一分。」在人生旅程中，如果什麼事都減省一些，便能超越塵世的羈絆。一旦超脫塵世，精神會更空靈。簡言之，即一個人不要太貪心。

洪自誠接著說：「比如，減少交際應酬，可以避免不必要的糾紛；減少口舌，可以少受責難；減少判斷，可以減輕心理負擔；減少智慧，可以保全本真；不去減省，而一味地增加的人，可謂作繭自縛。」

無論人們做什麼事，均有不得不增加的傾向。其實，只要減省某些部分，大都能收到意想不到的效果。倘若這裏也想插一手，那裏也要兼顧，就不得不動腦筋，過度地使用智慧，就容易產生奸邪欺詐。所以，只要凡事稍微減省些，便能回復本來的人性，即「返璞歸真」。

《呻吟語》的作者呂新吾也說過：「福莫大於無禍，禍莫大於求福。」意即沒有不幸的災禍降臨，就是最大的幸福。一天到晚四處鑽營的人，比任何人都更加不幸。所以，人千萬不要為欲望所驅使。心靈一旦為欲望侵蝕，就無法超脫紅塵，而為欲望所吞滅。只有降低欲望，在現實中追求人生目標，才會活得快樂。

在英國的曼徹斯特城，英格蘭超級足球聯賽第十八輪的一場比賽在埃弗頓隊與西漢姆聯隊之間緊張地進行著。比賽只剩下最後一分鐘時，場上的比分仍然是一比一。

這時，埃弗頓隊的守門員傑拉德在撲球時扭傷了膝蓋，球被傳給了潛伏在禁區的西漢姆聯隊球員迪卡尼奧。

球場上原本沸騰的氣氛頓時靜了下來，所有的人都在等待。迪卡尼奧離球門只有十二米左右，無須任何技術，只需要一點點力量，他就可以從容地把球踢進沒有了守門員的大門。那樣，西漢姆聯隊就將以二比一獲勝，在積分榜上，他們因此可以增加兩分。而且，在此之前，埃弗頓隊已經連敗兩輪，這個球一進，就將是苦澀的「三連敗」。

在幾萬雙現場球迷的目光注視下，迪卡尼奧沒有踢出這個「決勝的一腳」，而是彎下腰，把球穩穩抱到懷中……

全場因驚異而出現了片刻的沉寂，繼而突然掌聲雷動。如潮水般滾動的掌聲，把讚美之情獻給了放棄打門的迪卡尼奧。

這舉動，對任何一個期待成功的球員來講，都是一種莫大的捨棄。而這更意味著一種原則，一種大道，一種自信，能夠保持如此適度的超脫，保持這一點觀察的距離，保持非情緒化的客觀與全面，使迪卡尼奧獲得了大家由衷的讚美。

超脫，其實就是一種選擇。

面對一道數學題，你必須學會放棄錯誤的思路；走在人生的十字路口，你必須學會放棄那些不適合自己的路線；面對失敗，你必須學會放棄懦弱；面對成功，你必須學會放棄驕傲……這樣一種超脫的精神，往往比擁有任何物質的東西更重要。

然而，往往有盲目者以為成為高人雅士必先學會其異人品性與舉止，學其皮毛並誇大，還自以為得了真髓，卻不知只是舍本求末，學了形而往往未學會其實，徒惹笑柄。

我們為人處世，應行自己之路，有自我之格，定自善之準，堅持下去，那麼適度的超脫便是自然而然的了。

人大都渴望和追求榮譽、地位、面子，為擁有這些而自豪、幸福：人不情願受辱，為

反抗屈辱甚至可以生命為代價。所以，現實社會中便出現了各種各樣爭取榮譽的人，形形色色的反抗屈辱的勇者和鬥士；也有為爭寵、爭榮，不惜出賣靈魂、喪失人格的勢利小人，為奴隸而不可得的人。

當然，也有人把榮譽看得很淡，甘做所謂「榮辱毀譽不上心」的清閒人、散淡者。他們對客觀的，外在的出身、家世、錢財、生死、容貌都看得很淡泊，追求精神的超脫、灑脫，正所謂「去留無意，任天空雲卷雲舒；寵辱不驚，看窗外花開花落」。

生命，是你做所有事的前提。

只有擁有生命，你才有可能完成理想，才可能擁有希望。

孟子的「捨生取義」的確是人間壯舉，值得後世的傳頌，然而，這樣的人畢竟不占多數。既然沒有孟子的那種魄力，那我們就要增加自己生命的品質，最大限度地讓其得以延續，最後，我們會發現，活著真好——有希望，有理想，有抱負。

糊塗點，心大點，我們會發現，活著更好。

第六章

學會取捨，感受世界的美好與精彩

人活於世，每時每刻都要面對誘惑與磨難，

迫使我們不得不在「捨、得」面前抉擇、徘徊。

聰明的人懂得捨得該捨得的，收穫該獲得的。

捨即是得，得即是捨，捨、得有道，才能得到你想要的。

漫漫人生路，我們只有「有捨有得」，

游刃於捨與得之間，心才不會很累；心不疲累，生活才能夠輕鬆；

生活輕鬆，我們才更能感覺得到世間的美好和精彩。

1 捨掉個人恩怨，彰顯魅力

古人云：「大人不計小人過，宰相肚裏能撐船。」

佛家也說：「大肚能容，容天下難容之事；開懷一笑，笑世間可笑之人。」

說的都是為人處世時要有一個寬闊的胸懷，要豁達大度，要寬以待人。日常生活中，人與人之間難免會出現一些不愉快的事情，只有放開胸懷，學會寬容，才能化解其中所有的怨恨，贏得良好的人際關係，贏得別人的尊重。

春秋戰國時期，晉平公和大夫祁黃羊在一次談話中說到了南陽縣缺乏縣令這個問題。

晉平公問道：「你覺得誰比較適合擔任這個職位呢？」

祁黃羊回答道：「依臣之見，解狐可以擔任。」

聽了這話，晉平公感到十分驚訝，因為他知道祁黃羊和解狐有過節，便問道：「解狐不是你的仇人嗎？你怎麼會推薦他呢？」

祁黃羊說：「大王是在問我誰能擔任南陽縣令的職務，並不是問我誰是我的仇人呀。」

晉平公聽了祁黃羊的建議，派解狐去南陽任職。果然不出祁黃羊所料，解狐到任之後盡職盡責，不負眾望，他處處為百姓著想，為老百姓辦實事，受到了很多人的愛戴和擁護，美名遠揚。

看完這個故事，相信人們都會為祁黃羊的胸襟所折服。雖然解狐和他有仇，但他並不顧及個人恩怨，而是以大局為重，推薦解狐擔任縣令一職，為百姓謀福造利。試想，假如祁黃羊沒有開闊的心胸，那麼就可能會埋沒一個優秀的人才。

擁有開闊的心胸不論對誰來說都是很重要的，但是在現實生活中，並不是每個人都能夠做到像祁黃羊一樣。同樣的一條路擺在不同人的面前，就會有不同的結局，有的可以變成通天大道，而有的則是羊腸小徑，有些甚至曲曲折折，找不到下腳的地方。只因為心態不同，心胸開闊的人無論走到哪裏，都能夠開闢出一條光明大道。所以，不要再抱怨生活，生活之所以會令你難堪，只是因為你總是讓生活難過，多多反省一下自己吧。

一個心胸開闊的人，能夠正確地看待自己與他人的差別，既不妄自高大，無謂地貶低他人，又不妄自菲薄，把任何人都看得比自己優越，更不會因別人的權力、地位及財富而耿耿於懷。他們從來不會去記自己給過人家什麼恩惠，只是記得別人曾經對自己的好。而心胸狹窄的人則往往斤斤計較，只顧眼前的利益，從來不考慮給別人留下後路。殊不知，這樣做的後果是把自己逼上絕路，使自己成為最徹底的失敗者。

擁有開闊的心胸，那麼你所到之處遍地都會繁花似錦。因此，當你感覺命運對你不公的時候，當你慨歎人生世態炎涼的時候，當你對生活感到不盡如人意的時候，當你在工作中感到煩惱不順的時候，你都要不斷地博大自己的胸懷。在寬廣的胸懷裏，一切不快和痛苦都將顯得微不足道；在寬廣的胸懷裏，你將會活得很快樂，過得很幸福。

2「放得下」是一種至高的境界

這個社會是很現實無情的，它不會由於某種原因而眷顧人們，相反卻會「設置」許多障礙來「逼迫」人們，逼迫人們交出權力、放走機遇、拋棄真情。倘若不這麼做，那麼生活就很難繼續下去。所以，學會放棄，才能成為真正的強者。

法國哲學家、思想家蒙田說過一句話：**今天的放棄，正是為了明天的得到。**

是的，放棄並不意味永遠的失去，它只是為了以後鋪路。只有放下，才能得到更多。執著是強者的姿態，但放棄才是智者的瀟灑。很多時候，執著往往帶來傷害，而放棄卻可以綻放另一種美麗。

「拿得起，放得下」是生活的真諦，「拿得起」是一種選擇，「放得下」則是一種更高境界的選擇，很多人終其一生都無法參悟其中的道理。事實也證明，成功總是青睞於那些懂得適時放棄的人。

有一天，老和尚帶小和尚下山。在經過一條大河時，他們碰到了一位姑娘，那位姑娘好像因河水湍急而不敢過河。

小和尚見狀，低下頭合掌念：「南無阿彌陀佛」，而老和尚則背著姑娘蹚過了河，然後放下姑娘，繼續趕路。

小和尚滿臉疑惑，一路嘀咕著，走了許久，他終於忍不住問：「師父，你犯戒了！我們不是不能近女色嗎？」

老和尚聽了，歎道：「我都已經放下了，你怎麼還沒『放下』呢！」

其實，在現實中有很多人像小和尚一樣，既拿不起，也放不下，也或者是不懂得該如何拿得起，又該如何放得下。「拿得起」要求我們有足夠的實力，在機遇到來時能夠成功應付；「放得下」則要求我們在面臨困難時，不氣餒墮落，要甘於一時的平庸，能屈能伸，彰顯豪邁，就像老和尚一樣。

是的，人總要拿得起，放得下。生命的過程，就是一個不斷「拿起」和「放下」的過程。每個人都需要拿起一些東西，放下一些東西，「拿起」也許僅僅需要一些蠻力或一股激情，但「放下」卻有太多的不甘、不捨、無助和無奈。其實每個人的心裏都知道自己真正應該拿起什麼，應該放下什麼，可偏偏很多人在「拿起」和「放下」之間徘徊不前，猶豫不決，戰戰兢兢，如履薄冰，最終既沒有「拿起」該「拿」的，也沒有「放下」該「放」的。

拿得起是一種令人敬佩的勇氣，而放得下則是一種難能可貴的超脫；拿得起是博大精深的智慧，放得下是意味深遠的哲學；拿得起是一種挑戰，放得下則是一種安慰。

為什麼有些人活得輕鬆自如，有些人前進的腳步越來越沉重？因為前者懂得放下，他知道什麼才是自己最需要的，而後者得到一樣東西便死死抓住，絕不罷手，他肩上的包袱越來越多，腳步自然會越來越沉。能成大事者，他們懂得如何放棄。只有學會放棄，才能輕裝上陣，擺脫無畏的糾纏。更重要的是，放棄可以讓一個人變得胸襟開闊，從而贏得眾人的尊重和信任。不過在實際行動中，「拿得起」很容易，「放得下」就難了。

一場戰爭過後，大街上硝煙瀰漫，此時軍隊已經撤走。一位商人和一位農夫來到了街上，企圖能夠找到一些值錢的東西。他們驚喜地發現了一大堆還沒有被燒焦的羊毛，於是兩個人便各自分了一半捆在背上。

在回去的途中，他們又發現一些布匹。農夫想了想，就將自己身上背的羊毛通通扔掉，選了一些扛得動的上好布匹。可是商人卻十分貪婪，他不僅捨不得丟

下自己的羊毛，還將農夫丟下的羊毛和剩餘的布匹統統揀起來。毫無疑問，這些東西壓得商人氣喘吁吁，而農夫則顯得十分輕鬆。

一段路途過後，他們又看到了一些銀質的餐具。此時的商人早已累得直不起腰來，他也很想再拿掉，揀了一些較好的銀具背上。農夫又將身上的布匹都扔一些銀器，可又捨不得已經到手的布匹和羊毛，只好作罷。此時，天空突然下起了大雨，商人身上的羊毛和布匹被雨淋濕後，變得更加沉重，令商人不堪重負，最後摔倒在泥濘當中。而農夫則滿心歡喜地回到了家，將銀器變賣，過上了富足的生活。

商人和農夫之所以有不同的結局，就是因為商人只懂得拿起，卻不懂得放棄，而農夫顯然是這方面的高手，他知道如果不放棄就不能得到更好的。其實，他們這一路的過程不就和我們的人生路一樣嗎？一路走來，我們需要面對的誘惑實在是太多了，假如我們樣樣都想要，日子就會過得十分狼狽。當你背負了過多的行囊時，便違背了生命最初的意義。相反，若是該放下的時候就放下，就會輕鬆快樂地過一生。

千百年來，人們總是在嘲笑那些死死地抓住一些東西不放的人，可是他們自己又何嘗不是在扮演這樣一種角色呢？其實，人生並非只有一種風景，當你失意的時候，或許別處的風景會更加吸引人。固然，堅守之前的道路並無過錯，但你總要試著為自己開闢更多的道路。放下從前，才能開始現在，不是嗎？

執著於該執著的，放棄那些該放棄的，這無疑是人生當中的一件幸事。貪圖小便宜，終究是要吃大虧的。所以，學會放下吧！放下無謂的名利之爭，放下難言的屈辱經歷，放下對夕陽的留戀，放下對春光的感懷……倘若什麼都不願意放棄，你便什麼也得不到。

3 知足常樂，人生更從容

「知足才能長樂」，芸芸眾生都知道這個道理，但只有極少數人才能達到這個境界。所以，大部分人都不能感覺到生活的樂趣所在。他們窮其一生在爭名奪利，有了房子便想要車子，賺了一百萬元還想賺一千萬元，永遠都不知道滿足。中國有句古話叫：「魚與熊掌不可兼得。」一個人如果總是癡心妄想，就很有可能為此付出慘重的代價。

每個人都希望自己的生活過得快樂，可是究竟快樂是什麼？估計每個人都有不同的見解與感受。其實想要快樂很簡單：知足就好了。如同樣是兩個十分口渴的人，看到桌子上放著半杯水，知足的人會想：「太好了，這半杯水能夠讓我緩解一下口渴。」而不知足的人則會想：「怎麼只有半杯水，這哪夠喝呀？」同樣的半杯水，卻引發了兩種截然不同的感慨。只有懂得知足的人，生活中才會少一些所謂的「煩惱」。

知足者，樂也

這個世界上有太多美好的事物，我們每個人都不可能得到所有，所以一定要學會知足。只有知足，才能長樂。一個人若是被欲望所左右，他就會變得很可怕。或許他的物質條件會越來越好，但是他卻在永無止境的追求當中迷失了許多寶貴的東西，他從來沒有享受過真正的快樂，絢麗的外表下藏著一顆空虛的心，而且他的一生註定要被痛苦糾纏。這樣的生活方式，究竟是社會的進步，還是人類的悲哀呢？

一個晴朗的下午，一位富翁來到海邊度假，他看到一個漁夫正在海灘上睡覺。富翁問道：「今天天氣這麼好，正是捕魚的好時機，你怎麼在這裏睡覺呢？」

漁夫回答說：「我給自己定下了任務量：每天捕十公斤魚。如果是在平時，我基本上需要撒五次網才能完成，不過今天天氣不錯，我只撒了兩次網便完成了任務。現在沒事了，就在這裏睡覺啦！」

富翁又問道：「那你為什麼不趁著好天氣多撒幾次網呢？」

漁夫不解地問道：「為什麼要多撒幾次網？那又有什麼用呢？」

富翁說：「那樣的話，不久之後你便能買一艘大船。」

「然後呢？」漁夫問。

「那你就可以雇更多的人，讓他們到深海去捕更多的魚。」富翁說道。

「那又怎樣呢？」漁夫又問。

「到時你手中就有一定的積蓄了，可以辦一個魚類加工廠啊！那時你可以做老闆，再也不用辛辛苦苦地出海捕魚了。」富翁說道。

「那我幹什麼呢？」漁夫又問。

「那樣你就不用再為生活發愁了，可以像我一樣來到沙灘曬曬太陽，睡睡覺了。」富翁得意地說。

「不過，我現在不正是在曬太陽、睡覺嗎？」漁夫反問道。

富翁被問得啞口無言。

人之所以不快樂，就是他不知足。假如漁夫真的如富翁所說去做，那麼他就會被自己的欲望所奴役，忙忙碌碌地辛勞一生，卻不能體會幸福。

其實想得到的越多，失去的就會越多。我們每個人從出生的那一刻起，就註定了會和某些東西失之交臂。感情上的不如意，事業上的不順心，總是會讓我們花費很多精力來尋求平衡，但一個人的能力是有限的，有些東西是我們顧不到的，所以不必苛求那些得不到的東西或辦不到的事情。如果過於執著地追求，只能給自己徒添煩惱。得到和失去只在一瞬間，心態才最重要。所以，每個人都要學會「知足」，很多快樂都建築在這兩個字之上，如果你一輩子都在不停地滿足自己的一個又一個目標，卻沒有一絲一毫的幸福可言，那這樣的人生又有什麼意義呢？

知足之人，永遠都是富有的

實際上，人類自身的需求是很低的，遠遠低於欲望。房子再怎麼大，也只能住一間；衣服再高貴，身上也只能穿一套；汽車再多，也只能開一輛在街上跑。能夠認清楚這一點，那麼我們就能夠活得更加從容一點，更加豁達一點。更重要的是，我們將會有更多的時間和精力來進行一些精神層次的追求和享受。

從前有一位年輕人，他總是抱怨自己時運不濟，空有一番才華卻得不到施展的空間，他的日子過得也是窮困潦倒，並經常為此愁眉不展。

有一天，他遇到了一位白鬍子老人。老人看他眉頭緊鎖，便問道：「小夥子，你看起來很不快樂？」

年輕人說道：「我就不明白，為什麼我的日子總也好不起來？這種窮苦的生活什麼時候才是頭呢？」

老人立即反駁他說：「窮？你怎麼會說自己窮呢？我看你十分富有嘛！」

年輕人很不解，問道：「此話怎講？」

老人笑了笑說道：「假如我給你一萬塊錢來換你的一根手指，你會換嗎？」

「不換！」年輕人十分堅決地回答道。

老人繼續問：「那如果我給你十萬塊錢，但條件是你的雙眼必須失明，你願意嗎？」

「不願意！」年輕人斬釘截鐵地說道。

老人再次問道：「那假如現在讓你馬上變成八十歲的樣子，給你一百萬，可以嗎？」

「不可以！」年輕人再次斷然拒絕。

老人笑了：「你看，你全身上下都是數不盡的財富，你怎麼還說自己窮呢？」

年輕人愕然無語，突然間明白了一切。

看完這個故事，相信很多人都會若有所思。其實在我們身邊，像年輕人這樣不知足的人不是有很多嗎？明明自己已經擁有了很多，卻還在抱怨得到的太少，自然也就無法體味生命的樂趣之所在。只要你是一個知足的人，那麼你就永遠不會貧窮。相反，那些貪婪之人看似擁有萬千財富，實際上卻是一無所有的人。

快樂，應該是一種平衡而滿足的內在感受。若你學會了滿足，那麼即使身在地獄，也一定能夠感受到如天堂般的美好。乞丐十分容易滿足，因此，他們雖然一無所有，也可以活得逍遙自在；而皇帝縱然擁有萬貫家財，卻總是有數不盡的煩惱。

如果不能去豪華的大酒店觥籌交錯，街邊的夜市攤也是不錯的選擇，且別有一番風味，為什麼一定要羨慕他人的「燈紅酒綠」呢？

4 山不過來，「我」就過去

每個人的生活都不是一帆風順的，並且時時刻刻都可能會面臨許多困難。其中的一些困難，也許我們做稍許的努力便可以「過關斬將」，可是有些困難，卻並非如此。當然，我們不能夠被困難打敗，但我們卻可以去適應困難。當你發現自己可以將困難掌控自如時，那麼困難也就不再是困難了。

人的一生就像是長途跋涉的旅途，誰沒有經歷過坎坷？誰沒有遭遇過困苦？又有誰沒有面臨過挫折？當殘酷的環境擺在你面前時，你需要做的不是和它硬碰硬，而是應想辦法改變自己，從而使磨難看起來不足為道。

雖然人們經常說「有志者，事竟成」，但事實上，想要到達成功的彼岸，僅有意志力還是不夠的。很多事情，即使你想到了也未必能夠做到。就像故事中的「大山」一樣，我們是不可能將它「移動」的，我們能做的就是自己走過去。倘若人人都抱著「你不過來，我也不會過去」的心態，那我們豈不是要錯過許多風景？

在這個世界上，像這樣的「大山」實在是太多了，我們沒有能力移動它，至少是暫時沒能力移動它，因此只能從自身開始改變。假如別人不喜歡自己，那麼請不要去強迫別人喜歡，只有把自己變得更加完美，才能得到他們的青睞；如果不能說服別人，那麼請不要去埋怨對方的固執己見，只有把自己的口才發揮得更好一些，才能夠得到他們的認可；如果顧客對產品不滿意，那麼請不要責怪顧客過於挑剔，將自己的產品再完善一下，才能得到他們的承認。

當你採用的辦法不能再改變什麼的時候，那麼不妨學著去適應。很多時候，當你試著將自己融入某件事情時，反而能夠產生意想不到的潛力。在現實生活中，「山不過來，我就過去」的人生態度，是一種理智和聰慧的表現，更是一種難能可貴的人生姿態。

有一位從事攝影工作的攝影師，每年都會給很多人照相，可是關於照相他卻始終有一個心結，那就是每次照多人合影時，洗出來的照片上總會有人閉著眼睛。其實他已經儘量地在避免這個問題了，為了強調大家一致，他每次照之前都會高聲喊道：「大家請注意，我現在喊『一、二、三』，當我喊到『三』的時候會按快門，大家千萬不要閉眼睛。」

可是儘管如此，每次洗出來的照片還是會有人閉眼。

這些人看到照片自然會很不高興，有些人還埋怨道：「為什麼單是我閉眼的那個時候你按快門啊？你這不是存心要我出洋相嗎？」

後來，攝影師終於想出了一個絕妙的辦法，於是他在拍照時換了一個方法：先是請所有拍照的人都閉上眼睛，聽他喊「一、二、三」，當喊到「三」的時候再一起睜開眼睛。果然，這樣照出來的效果很好，大家都睜著眼睛，顯得神采奕奕，皆大歡喜。

生活中這樣的事情還有很多，既然有些事情是不以人的意志為轉移的，那麼我們就不妨試著從自身來改變一下，只有這樣，人生才會豐富多彩。明白了這個道理，那麼你的人生便達到了一種更高的境界。

「山不過來，我就過去」，可見一個人的豁達和睿智。當然，改變自己不是要你放棄自己的原則，而是讓自己有更多的平台、更多的機會來實現自己的理想。改變自己不是妥協，是一種以退為進的明智選擇。就好比要到達一個目標，多數情況下，直接走是行不通的，得繞個彎迂迴一下。要知道，機會不是別人給的，而是自己創造出來的。

也許一些「有志之人」會覺得「山不過來，我就過去」這句話並不能作為人生信條，他們寧願做一個現實生活中的「愚公」，也不會為自己找「藉口」。事實上，「過去」並不意味著妥協，而是一種理智的思考。如果你固執地堅守一條道路，到頭來很可能得不償失。只有改變自己才是上上之策。只會埋怨自己沒有機遇的人，永遠都不可能成為一個真正的強者。

「山不過來，我就過去」，簡簡單單的八個字，卻足以讓那些整天都在抱怨「時運不濟」、「命運不公」的人們汗顏。世界上本無移山之術，就像是成功並沒有捷徑一樣，唯一能夠移動的是我們的心。命運是掌握在自己手裏的，而不是在別人的手裏。如果所面對的環境無法改變，那我們就先改變自己，只有改變自己，才會最終改變別人。如果改變不了環境，就應該學會去適應環境，並在適應環境的過程中激發自己的能力，從而改造環境，獲得快樂。

5 捨得小利，才能贏得未來

《易經》中有句話：「動則得咎」。意思是說，只要你選擇去做事情，就一定會有得失。既是如此，那麼我們就不應該對「失去」過分傷感，尤其是一些眼前的蠅頭小利，更應該看開一些。捨得小利，才能贏得未來。

很久以前，有一個南昌人住在京城裏，做國子監的助教。

有一天，他外出經過延壽街，恰巧看到一個年輕人要買《呂氏春秋》書，講好價錢後，年輕人掏出錢開始點，不小心掉了一枚銅錢，不過他並沒有察覺。於是，這個南昌人便裝作若無其事地走過去，用腳踩住那枚桐錢。

等年輕人買完書離開後，他就彎下腰將錢揀了起來。

這一幕被旁邊的一位老人看了個清清楚楚，他站起來詢問南昌人的名字，南昌人便如實回答。之後老人便走了。南昌人怎麼也想不到，原來這個人是江蘇巡撫。

後來，這個南昌人以舍生的名義進到了謄錄館，求見選官，終於得到了一個江蘇常熟縣尉的職位。上任之後他一直想見巡撫，可是都不得見，後來才知道原來自己的名字早已經被列入檢舉彈劾的公文裏了。

南昌人十分不解，不明白自己為什麼會被彈劾。人家對他說是因為貪污。南昌人心想：自己還沒有正式上任呢，怎麼會有「貪污」之說呢？一定是搞錯了。他想進去當面解釋一下，巡捕便將此事稟報了上去。

不一會兒，巡撫就出來了，問年輕人：「難道你不記得當年在書鋪裏的事了嗎？那個時候的你對一文錢都要貪。現在你當上了官，那還不得把手伸進別人的口袋裏直接偷呀？還是請你馬上解下大印走吧！」

南昌人這才明白，原來幕後的那位「高人」就是當年問自己姓名的老人，他後悔不已。

這個年輕人因為一文錢而斷送了自己的官途，實在令人感到可惜。

這個故事也向人們說明了一個道理：要忍一時的失，才能有長久的得，要能忍小失，

才能有大的收穫。

大量事實也證明，在小利面前如果貪心過剩，往往就會被牽著鼻子走。俗話說得好：「舍去世俗三分利，得來冰心一片清。」小鳥若不是放棄了溫暖舒適的巢穴，又怎會擁有壯闊蔚藍的天空；魚兒若不是放棄了涓涓細流的小溪，怎能見識大海的深沉及波浪。同樣，人類若是捨不得眼前的小利，便不能擁有輝煌的未來。

將眼光放得更加長遠一些，是一個成功人士所必須具備的素質。倘若你能看到每一次失去的背後都會有更大的機遇在等著你，那麼你就不會因為捨掉眼前的利益而心痛不已。從某種程度上來說，捨小利也是一種投資，大的利益往往都是從捨小利開始的。

凡事應該從大局著想，為整體利益暫時放棄一些局部利益。誠然，抓住眼前的小利能夠讓人歡愉一時，但很多人都沒有想過：試圖處處得利，一定會讓自己處處被動，造成整體失利的結果，受害的終歸還是自己。

子曰：「無欲速，無見小利。欲速，則不達；見小利，則大事不成。」

只要生命中有著遠大的目標和切實的計畫，縱然遙不可及，但它仍是人生中的大事，會產生一股催人奮進的動力和勇氣，促使你朝著遠大的目標心無旁騖地勇往直前。

若盯著蠅頭小利，只會揀了芝麻，丟了西瓜。

做生意、做學問、做人，都是如此。凡事從大處著眼，只盯著鼻子前面這點小利，沒有遠見，最終會因小失大，成不了氣候。

陶淵明捨得五斗米辭官，才能擁有「採菊東籬下，悠然見南山」的自得；比爾・蓋茨捨得哈佛大學的一紙文憑，才創造了今天微軟的財富神話……如果他們只著眼於眼前的小利，怎麼會有以後的成就呢？

一個成功的人生，必須要看透「捨」與「得」之間的關係，擁有的時候或許我們正在失去，而捨掉的時候或許我們也正在獲得。安於一份放棄，固守一份超脫，這才是至高的境界及智慧。

6 先退一步，再往前跳

很多時候，退讓一步，對我們來說並沒有什麼多大的損失，但是，結果卻往往令人驚喜，我們不僅贏得了更廣闊的天空，還贏得了快速前行的心情。退一步海闊天空，其實，退一步再往前跳，更是一種睿智。

遇到問題，我們不要著急，要冷靜下來，先退一步。因為，退一步並沒有影響你前進，而且還給了你更多的迴旋餘地和思慮時間。減少盲目，走得從容，何嘗不是一件好事？

忍一時風平浪靜，退一步海闊天空。生活中，難免出現爭執和不和諧的音符，但是，只要我們懂得退讓的道理，就可以減少這種無謂的爭辯和喧囂——即使明知我們自己是正確的，即使明知別人是在挑刺，即使明知別人在不懂裝懂。因為，退一步，你可以走得更快更遠，你可以跳得更順利更開心。

義大利藝術家米開朗基羅一生創造出無數的著名作品，其中大理石雕像「大衛」更是讓其享譽全球。可是，米開朗基羅在雕刻「大衛」的時候卻還遭到過上級的「指導」。

一天，當米開朗基羅在雕刻「大衛」的時候，主管的官員前往視察，結果對「大衛」非常不滿意。

米開朗基羅詢問：「有什麼地方不對嗎？」

主管的官員說：「鼻子太大了。」

可是，在米開朗基羅的眼中，「大衛」的鼻子就應該是這個樣子的。但是他並沒有講出來，而是裝作審視的樣子，認真地看了看「大衛」，然後大叫：「可不是嗎？鼻子是大了點，我馬上改。」說著就拿起鑿刀等工具爬上了雕刻架子，叮叮噹噹地「修改」起來。不一會兒，地上就掉下了好多大理石粉，那官員也不得不躲開。然後，他爬下架子說：「您看，現在可以了吧？」

官員再次檢查後，非常高興地說：「是啊！好極了！這樣才對啊！」然後很滿意地離開了。

其實，米開朗基羅什麼也沒做，「大衛」還是原來的「大衛」，「大衛」的鼻子也還是原來的鼻子。聰明的米開朗基羅懂得退一步的道理，只是偷偷抓了一

些大理石和石粉，在架子上做做樣子，僅此而已。然而主管官員卻以為米開朗基羅已經按照自己的意思進行了修改。

米開朗基羅並沒有因為堅持自己的意見而選擇跟主管官員大吵一架，或者爭論一番，更沒有做無謂的辯論，因為他知道與上級理論，吃虧的只有自己。退一步，反而讓米開朗基羅往前「跳」得更遠、更快、更開心。

試想，如果米開朗基羅不懂得適時後退，那麼他的「大衛」很可能沒有辦法順利完工，或者延期，或者損毀，或者永遠也無法再按照米開朗基羅自己的意願完成。

7 捨掉攀比，驅除嫉妒的妖魔

人與人各有差別，從外貌、性格到能力、地位等都不盡相同。於是，在比較之中，嫉妒也就產生了。

《心理學大辭典》中說：「嫉妒是與他人比較，發現自己在才能、名譽、地位或境遇等方面不如別人而產生的一種由羞愧、憤怒、怨恨等組成的複雜的情緒狀態。」

嫉妒的危害是不可小視的，它能摧毀人的自信、快樂以及幸福的感覺，讓人在煩惱、焦慮、抑鬱中嘗盡痛苦。所以，莎士比亞說：「您要留心嫉妒啊，那是一個綠眼的妖魔！」

一天，烏兒子和烏爸爸站在一棵樹上聊天，一起探討關於幸福的話題。

烏兒子問烏爸爸：「人幸福嗎？」

烏爸爸回答：「人沒有咱們幸福。」

烏兒子接著問：「人類吃得好，穿得好，住得也好，為什麼還沒有咱們幸福呢？」

烏爸爸回答：「因為人的心裏扎了根刺，這根刺無時無刻不在折磨著他們。」

烏兒子很驚訝地問道：「心裏扎了一根刺？」

烏爸爸回答：「這根刺就是嫉妒。」

嫉妒如卡在人內心的一根刺，控制不住，就會任妒火燃燒，做出錯誤的事情。每當看到別人比自己出色時，自己就會眼紅，強烈地希望自己能很快超過他。但要在這個大社會中生存，要接觸到各行各業的人物，總會有技不如人的時候。於是你就產生了嫉妒的心理，仇視比自己強的人，給自己的生活平添了許多煩惱和紛擾。

人的欲望，一方面是人類本身的需要，然而社會發展到現在，這方面的原因所占比例已日漸縮小；另一個重要的原因就是人與人之間的嫉妒。因為嫉妒心理在作怪，我們總覺得別人處處比自己強。嫉妒別人買了豪宅、開上了高檔車，嫉妒別人家孩子的學習出類拔萃、別人的伴侶貌美帥氣，嫉妒別人的職業好、掙錢多……

嫉妒心理是一種消極的、不健康的情緒或情感，產生嫉妒心理的原因至少有兩個方面：一是不能接受別人比自己強的現實；二是權力欲、支配欲、佔有欲強。

從某種意義上說，嫉妒是萬惡之源，是人性的弱點。嫉妒幾乎是人所共有的一種本能，但它又極不光彩，人人都要把它當作一件不可告人的東西隱藏起來。結果，它便轉入了潛意識中，猶如一團暗火灼燙著嫉妒者的心。

說到底，嫉妒其實是一個人自信心或能力缺乏的表現。

黑格爾說：「嫉妒乃平庸的情調對卓越才能的反感。」嫉妒發生的根源往往是人們通過與他人比較來確定自身價值。當看到別人的價值增加時，便會覺得自己的價值在下降，從而產生痛苦的體驗。尤其是當比較對象原來與自己不分上下甚至不如自己時，更覺得難以忍受。

嫉妒很容易轉化為對所比較對象的不滿和怨恨，進而產生種種嫉妒行為，要麼尋找對方的不足將其貶低，要麼散佈無根據的謠言詆毀對方名譽，甚至採取極端手段毀物傷人。有的人即使能控制自己不表現出過激行為，但出於防禦心理的需要，常在對方面前表現出一種傲慢的、難以接近的面孔，用以維護自己的「自尊」，其實他內心非常自卑。

古今中外，因嫉妒引起人際關係緊張和衝突的事件不勝枚舉。一些偉人及科學家在晚年為了保住自己的權威、地位所表現出的嫉妒心理，給人類造成的遺憾和損失更是令人痛心。如牛頓嫉妒晚輩，壓制格雷的電學論文發表；卓別林嫉妒有才華的導演，焚毀了唯一

的一部《海的女兒》的電影複製；英國科學家大衛發現並培養了法拉第，然而，當法拉第的成績超過他之後，大衛心中不可遏制地燃起了嫉妒之火。他不僅一直不改變法拉第「實驗助手」的身分，還誣陷他剽竊別人的研究成果，極力阻攔他進入皇家學會，這大大影響了法拉第創造才能的發揮。直到大衛去世，法拉第才開始其真正偉大的創造。大衛本應享受「伯樂」的美譽，卻因其嫉妒心理阻礙了法拉第的迅速成長，不僅給科學發展帶來了損失，也使他背上了「阻礙科學發展、使科學蒙難」的惡名，留下了令人遺憾的人生敗筆。

嫉妒的人總是容不下別人。德國有一句諺語：「好嫉妒的人會因為鄰居的身體發福而越發憔悴。」所以，好嫉妒的人總是四十歲的臉上就寫滿了五十歲的滄桑，會因為生活中到處都是「敵人」，而覺得世界末日即將到來。

嫉妒是心靈的枷鎖，會將一個人牢牢拴住。人們不但得不到任何好處，反而會因此跌進痛苦的世界中走不出來。正如巴爾扎克所說：「嫉妒者受到的痛苦比任何人遭受的痛苦更大，他自己的不幸和別人的幸福都使他痛苦萬分。嫉妒心強的人，往往以恨人開始，以害己而告終。」

《三國演義》中，有位英才蓋世、文武雙全的大英雄叫周瑜。這位當時很了不起的風度翩翩的美男子，年紀輕輕就執掌了江東（吳國）的統兵大都督要職。

他在赤壁大戰中，更是顯出了叱吒風雲、謀略高人、指揮得當的政治軍事才能。他以少量的東吳和劉備之師，取得了大破曹操八十三萬大軍的輝煌勝利，在歷史上留下了赫赫聲名。據說，周瑜不僅能征善戰，文韜武略堪稱上乘，更是位難得的英俊奇才。此外，周瑜還熟諳音律。有傳聞說他聽音樂演奏時，若誰奏錯一個音符，他便即刻能耳辨明詳。為此，有「曲有誤，周郎顧」之說。當後人對周瑜其人進行褒獎盛讚之際，人們同時也看到了這位英年早逝者的致命弱點，那就是他愛嫉妒。

周瑜為人心胸狹窄，人人皆知。在取得了赤壁大戰的成功後，他竟容不下與他共同抗曹的諸葛亮的存在，並密令部將丁奉、徐盛擊殺諸葛亮。不料諸葛亮早有準備，他密殺不成。為此，周瑜萬分氣憤。如此不能容人的周瑜，密除同盟，過河拆橋，實在讓人心寒並為之深感可悲。

周瑜為什麼容不下諸葛亮？原來，足智多謀的諸葛亮處處高周瑜一著，尤其在關鍵時刻，事事想在周瑜之前，且能將周瑜的內心活動看得入骨三分。正因如此，才使得量窄、嫉才的周瑜寢食難安，隨時想除掉才智高於自己的諸葛亮。而諸葛亮又總先於周瑜謀害前就有所防備，這更使周瑜一次比一次氣憋於心。嫉才的結果，反把周瑜自己給活活「氣

死」了。

有道是：「人之將死，其言也善。」可周瑜在臨死之前，非但未能悔悟自己的致命弱點，反而含恨仰天長歎，曰：「既生瑜，何生亮？」連叫數聲而亡。一代英雄就這樣自掘墳墓，害人而最終害己。

莎士比亞曾經說過：「像空氣一樣輕的小事，對一個嫉妒的人，也會變成天書一樣堅強的確證。也許這就可以引起一起是非。」

一旦我們被嫉妒的毒蛇纏上，生活中就會有越來越多的事引起我們的不平和憤恨：

別人的衣著比自己的光鮮，我們會憤憤不平；

別人比自己多和上司說了一句話，我們會鬱悶一整天；

別人的男朋友比自己的帥，我們會惱怒不止；

……

我們會因為無法容忍日常生活中每一件事，而時時刻刻心情煩躁，終日飽受嫉妒的折磨，最後被它灼傷。

8 剝棄世俗外衣，捨棄功名利祿

古人云：「功名乃瓦上之霜，利祿如花尖之露。」假如人人都以平和的心態對待功名與利祿，捨去貪婪與名利等一切是是非非，才會做到無憂無慮、清靜自如，才會腳踏實地地做人。

政論家鄒韜奮曾經說過：「一個人光溜溜地到這個世界來，最後光溜溜地離開這個世界而去，徹底想起來，名利都是身外之物，只有盡一個人的心力，使社會上的人更多得到他工作的裨益，才是人生最愉快的事情。」的確如此。人生在世，如果只是為了追求功名利祿而使自己整日陷入匆匆忙忙之中，不管你付出多大努力，成功永遠都會遠離你。而最為明智的選擇就是卸下重擔，放下包袱，不為名利所累，以「學以致用」為首。

毋庸諱言，重名愛利是人們的常態心理之一。在這個物欲橫流、精神匱乏的時代，每個人都想在不斷忙碌中有所收穫，而金錢、地位、名譽等彷彿已成為其收穫的代名詞。然而，在遭遇許許多多「潮流」襲來之時，能夠力戒浮躁，力戒隨波逐流，力戒張揚，最後得到的又有多少呢？那些不為名利所累的人，往往都是「名利雙收」的成功人士，而圖名利的人，最終都會身敗名裂，並最終沉溺於名利中。在現實生活中，不計其數的人們整日為名利去苦苦奔波，卻在無形中忽視了「學以致用」。

《莊子．秋水》中有這樣一則故事：一天，陽光明媚，莊子坐在水邊釣魚。正在這時，楚王派來的兩個大夫向他走來，他們奉命前來邀請莊子到楚國負責政務。見到莊子，他們說道：「楚王有請，希望你到楚國負責政務。」只見莊子手裏握著魚竿，靜靜地坐在那裏，彷彿沒有聽到他們說了什麼似的。在兩個大夫一而再再而三的苦苦哀求下，莊子卻不屑一顧地對他們說道：「聽說楚國有一種神龜，它可以運用於占卜，已經死去三年了。楚王下令使人用昂貴的布帛裹蓋著它，莊重地供奉在宗廟裏。你們說，這隻龜是寧願死了後留下骨頭以此尊貴呢，還是寧願在污泥中拖著尾巴孤獨逍遙地繼續生存呢？」

「當然是拖著尾巴在泥塘中悠然自得地生存啊！」兩個大夫不假思索地回答道。這時，莊子意味深長地說道：「那你們就請回吧，我寧可像龜那樣在污泥中拖著尾巴活著，也不願在死後留著枯骨使人感到很尊貴。」

莊子之所以成為後人仰慕的哲學家、思想家、文學家，與他的淡泊名利是分不開的。培根所說：「有人好像在知識中求得一個躺椅，以便休息自己那種向外追求忐忑不安的神情……或是求得一個商店，好來奇貨可居，市利百倍……這種心理很能妨礙知識的發展。」所以，有成就的科學家，文學藝術家和成功人士，大凡是「心高志潔、智深慮廣、輕榮重義」的。

人生最大的滿足是認識自己並不斷超越自己。

認識自己，並不是一件輕而易舉的事情；超越自己，更是一種彌足珍貴的能力，自我滿足往往比他人的評價更為重要。或許，當別人由於金錢、地位而趾高氣揚時，你也會感到自卑，感到失落。然而，當靜下心來認真思考時，猛然間你不禁會覺得這一切均是身外之物。人生在世，趨利避害、追名逐利本是人之常情，但也應順其自然、適可而止。倘若任由名利的欲念肆意瘋長，勢必將被「名韁利鎖」深深束縛；倘若不擇手段地爭名奪利，就會落一個「身敗名裂」的可恥下場。

朱熹曾經說過：「凡名利之地，退一步便安穩，只管向前便危險。」也就是說，莫以成敗論英雄，莫以名利論成功。只有淡泊，才能明志；只有寧靜，才能致遠；只有剝棄世俗的外衣，才能播種成功的心田。

學以致用，邁出成功第一步

在中國歷史上，韓信是偉大的軍事家、戰略家和軍事理論家。在秦朝末年的楚漢戰爭中，他曾輔佐漢高祖劉邦戰勝了強大的對手項羽，創造了輝煌的業績。

韓信的成功並不是偶然的，關鍵在於他懂得學以致用。關於這一點，從他的大量軍事實踐中，我們便可以看出一二。

他不僅喜歡學習，而且還善於創造性地把所學得的知識運用到戰爭實踐中。利用《孫子兵法》中「示形於東，擊之以西」策略。韓信卻創造出「明修棧道，暗度陳倉」，正是靈活地運用這個策略，才為他贏得了新的戰役的勝利。

在西元前二〇六年，韓信先派樊噲、周勃率一萬精兵佯修曾被劉邦進漢中時燒毀的棧道，擺出將要出兵的陣勢，示形於敵，使敵麻痹。當敵方項羽聞訊立即加緊斜谷防禦的時候，韓信卻率大軍西出勉縣轉折北上，其後順著陳倉小道進入秦川，於陳倉古渡口渡過渭河，順勢如破竹，倒攻大散關，「擊之於西」，從而奪取三秦，成功收復關中。

正是由於韓信善於把學到的知識靈活運用於實踐中，才贏得了戰爭的勝利。

在過去，智力一直被視為一個人的成功關鍵，甚至是一個決定性因素。其實，影響成功的因素中，除了一個人的智力和知識外，更重要的是他應用知識的能力。

古今中外許多著名人士，為什麼他們能通過勤奮學習來達到成功？當然不只因為他們讀過很多書，也不只是他們流過多少汗，吃過多少苦，而在於他們善於把學到的知識變成指導工作實踐的「鑰匙」。

如今，隨著競爭愈加激烈，工作任務日益加重，不計其數的人們為了追求功名利祿而不斷忙碌，無形中忽視了學以致用。其實，對一個人而言，即使其讀的書再多，倘若他不能在實踐中恰如其分進行運用的話，他則充其量只不過是一個「茶壺裏裝餃子——有貨倒不出來」的「書呆子」。因此，只有做到學以致用，才能邁出成功的第一步。

成功的方法很簡單，但簡單並不表示容易。「不為名利」、「學以致用」看似簡單的方法，仔細看來卻也向人們昭示著它們的不易，因此，才有不計其數的人在駛向成功的道路上迷失方向。

無論如何，均應懂得，如果按照這兩個方法不斷前進，就能逐漸接近成功。只有淡泊名利，才能為成功寫下莊嚴神聖的一頁；只有學以致用，才能為成功選擇完美的捷徑。

淡泊名利，寧靜致遠

話說在一次江南微服私訪的過程中，乾隆皇帝來到江蘇鎮江的金山寺，從寺裏看到山腳下大江東去，百舸爭流，一派恢弘的氣勢，便忍不住興致大發，隨口向一個老和尚問道：「你在這裏住了幾十年，可曾知道每天來來往往有多少船隻呢？」

老和尚漫不經心地回答道：「我僅僅看到兩隻船，一隻為名，一隻為利。」

老和尚一語道破天機，真可謂——高也。的確如此，人生在世，不論貧窮富貴，還是窮達逆順，都不可避免地要與「名、利」打交道，絕大多數人們均難以度過「名利關」。畢竟世間存在著不計其數的誘惑，諸多口口聲聲稱「視名利為糞土」的人，一旦遇到實際誘惑，便不能自持，而那些在誘惑面前坦然不動的人，則可謂「聖人」。

雖然名與利與每個人息息相關，但實質上它們只不過是一種身外之物，且追名逐利會為人們增添無盡的苦惱。諸葛亮曾教育八歲的兒子：「非淡泊無以明志，非寧靜無以致遠。」一如今，這句話已經被許許多多的人們視為修身養性的座右銘與名言警句。

行至水窮處，坐看雲起時，是一種淡泊；古今多少事，均付談笑中，也是一種淡泊……淡泊既是一種崇高的精神境界，又是人生追求較為深層的定位；既是一份淡然豁達的心態，又是一種清朗明淨的感覺。只有擁有淡泊的心態，才能避免在物欲橫流的社會中隨波逐流，才能避免對他人牢騷滿腹。

人生的絕大部分煩惱，均源自於非分的欲望。只有具有淡泊的心態，才能處於平和的狀態。倘若你珍愛自己的生命，就要靜養自己的身心，而非墜入名利的陷阱中。當人的生命走到盡頭的時候，名利就會猶如過眼雲煙。千金散盡，只有擁有淡泊的精神，才能長存人間。唐朝著名大詩人李白曾創作出這樣的千古佳句：「安能摧眉折腰事權貴，使我不得開心顏。」在戰爭紛亂的年代，古人尚能達到如此豁達的境界；當今社會，我們更應該淡化功利之心，超然出世。

淡泊，自然灑脫

隨著社會的日益複雜，現代人們的壓力隨之增大，欲望也與之劇增。若要保持清醒的頭腦，就不能缺乏淡泊；若要從容地走過人生歲月，就應多一份思考。人生的道路崎嶇不平，有進有退，有升有降。倘若我們能夠意識到「平平淡淡才是真」的道理，就能做出較為明智的選擇。

曾有一位久經戰場的將軍，他看透了戰場上的生生死死，便想逃避喧囂的戰亂紛爭，決定以出家來安度過後半生。他找到禪師說明自己想要出家的緣由，並懇請禪師為他剃度。然而，禪師卻意味深長地對他說道：「將軍，你先不要著急，我認為你還不到出家的時機，請三思而後行。」

將軍回答道：「禪師，您就滿足我出家的願望吧！我現在無牽無掛，可以拋棄一切功名利祿，甚至包括我的愛妻與兒女。」

禪師心平氣和地說道：「不要著急，你的心意還不夠真誠，有些浮躁。」

將軍只好返回家中。

次日，這位將軍為了表示自己的真誠之意，一大早便來到寺院再次請求禪師為他剃度。令他出乎意料的是，禪師卻莫名其妙地向他問道：「你來得如此之早，難道就不怕你的愛妻在家紅杏出牆嗎？」

將軍聽後，惱羞成怒，張口大罵道：「你媽才在家裏紅杏出牆呢！」

禪師微笑著說道：「我昨天認為你有些浮躁，還不適合出家，現在總應該相信了吧？」

剎那間，將軍無言應對。

在現實生活中，諸如這位將軍的人不勝枚舉。他們自以為淡泊名利，但實際上卻達不到豁達的境界。的確如此，在五彩斑斕的大千世界裏，若要做到淡泊名利，並非易事。

淡泊不是一種卑微的生存方式，它是一種不凡俗的生活習慣；淡泊既能體現一個人的修養，又能體現一個人的精神境界。當一個人既能寵辱不驚，又能不卑不亢，既能不為名利所累，又能不為蜚語所左右時，他便擁有了淡泊的全部內含。只有擁有淡泊的心態，才能在喧囂浮躁的世間保持一份「眾人皆醉我獨醒」的非凡境界；只有具有淡泊的心態，才能在粗茶淡飯的情形下盡享天倫之樂。

寧靜，自然高雅

鄭板橋在官海中沉浮了幾十年後曾發出這樣的感悟：「名利竟如何？歲月蹉跎，幾番風雨幾晴和，愁雨愁風愁不盡，總是南柯。」即是在歸勸人們，不應過分追求「名利」。在名利場上，隱藏著不計其數的陷阱，過分地在意名利，只會讓自己整日神經緊繃，挖空心思而活著；過分地看重名利，則會讓你如同負重的老牛一般而不斷奔波。

美國維爾伯・萊特和奧維爾・萊特兄弟，於一九〇三年駕著他們自己發明的

飛機首次試飛成功，從此以後，兩人名揚天下。雖然已成為舉世聞名的人物，但他們從不把「名聲」二字放在心上，兩人依然默默無聞地工作看。他既不寫成功自傳，又不參加毫無意義的宴會，更不接待試圖進行採訪的新聞記者。

有一次，一位新聞記者要求維爾伯・萊特發表談話，維爾伯卻若無其事地說道：「親愛的先生，你可曾知道，雖然鸚鵡喜歡叫得呱呱響，但是它卻飛得並不高。」

還有一次，當弟弟奧維爾與家人共同用餐的時候，他順手從口袋中掏出一條紅絲帶用來擦嘴。姐姐便好奇地問道：「這條手帕是哪裏來的？好漂亮噢……」奧維爾卻毫不在意地說道：「哦，這是法國政府為我頒發的榮譽獎章，嘴巴上沾了油沒有手帕用，只好用它頂替了！」

當然，這並不是讓我們照他們那樣做，而是讓我們學習萊特兄弟那種淡泊名利的心境與精神。能夠淡泊名利，既是勇氣，又是骨氣；既可放飛人的心靈，又可還原人的本性；既可使你在順境中不怡然自得，又可讓你在身處逆境時不妄自菲薄……真正的淡泊名利者均懂得：若不能恬淡寡欲，就不能明確志向；若不能平靜安和，就不能實現遠大目標。

第七章

感恩惜福，天天都是好日子

樂善好施，是人類最古老，也是最美好的一種行為，

更是中華民族的一種傳統美德，它表現出了人們的慈善及淡泊之心。

美國的演講學家馬克・吐溫說過：

「善良，是一種世界通用的語言，且盲人可感之，聾人可聞之。」

在中國，人們歷來都把幫助別人當作是一件樂事。

幫助別人，既能解除他人的苦難，

我們自己還能得到精神上的滿足——精神昇華和完善。

1 樂善好施，為自己謀福添利

樂善好施是人的另一種投資方式，比直接把錢放入銀行收益要「高明」得多。捨出一部分錢財，能夠獲得更多比錢財更加珍貴的東西。

從前有個生意人，他忙碌大半輩子積累了一大筆錢。可是，他並沒有人們想像中的那麼快樂，因為無兒無女的他正在發愁如何收藏偌大的家產。他想了很長時間，也想出了很多方法，但無論哪一種都不能讓他感到安全，更談不上使他快樂。最後，他只好將所有的錢財都繫在腰間。

有一天，他路過一個寺院，看到寺院的門前放著一個用金屬鑄成的大缽，過往的人紛紛都將錢放在這個缽中。他百思不得其解，便向別人詢問原因。別人告訴他：「這個叫作『公共福田』，如果人們能夠真誠佈施，就會『捨一得萬』，受益無窮。凡是被放到這裏的錢財，都是用來救濟窮人的，讓眾生能夠脫離苦海。這個大缽名字叫『堅牢藏』，只要把金錢放在裏面，便不會再受到任何傷害。反之，如果將金錢都放在自己身邊，就很可能為自己帶來天災和人禍。」聽到這裏，這個生意人頓時幡然醒悟：「我終於找到可以存放金錢的地方了。」隨即便高興地佈施起來。

古人說，樂善好施，使受施者擺脫了困境，自己也獲得了快樂。只有會花錢的人才會賺錢，只有捨得付出才有回報。我們必須清楚，「守財奴」的節儉並不會使你的財富增多，只會一步步地斷掉你的財路。而當你變得樂善好施時，才會發現真正有意義的生活。原來快樂並不在於擁有多少，而在於付出多少。

放眼望去，古今中外，歷史上不乏許多極為明智的商業經營者。那些聞名於世的大企業家們，無一不是樂善好施的人。他們非常善於用餘財熱心資助慈善、公益事業，但上帝並沒有因為他們的樂善好施而使他們變得貧窮，反之，任何時候他們所擁有的都比普通人多，在事業上也得到了更大、更高的回報。世界首富比爾・蓋茨被美國的財經雜誌評為「世界上最樂於慈善事業的人」，他的一生都十分熱衷於慈善事業，也正是因為他的樂善好施，他的事業才越做越大。

在中國古代，范蠡便是一位樂善好施的集大成者。兩千多年來，人們一直奉范蠡為「商業鼻祖」，其中的原因除了他寶貴的經濟思想之外，更重要的原因是范蠡能「富好行其德」。范蠡一生三次遷徙，每到一地他都憑智慧賺錢，曾三擲千金。他賺錢的「秘訣」就是散財，他賺到的錢財皆用來資助親友鄉鄰，真可謂是「千金散盡還復來」。

快樂的「捨」是身心健康的標誌，同時它也是人的一種難能可貴的魄力及一種豁達坦然的心境。人類最快樂的時候不是索取的時候，而是佈施的時候。一個貫於樂善好施的人，他的心境永遠都是平和的，永遠不會因為「失去」而耿耿於懷。

五代時期時有一個叫竇禹鈞的人，他三十多歲時還沒有兒子，為此很是苦惱。一天，他夢到了已經死去的祖父。祖父對他說：「你命中註定沒有兒子，而且也活不了多久，所以應該趁現在早點修福積德。」

從此以後，竇禹鈞開始盡力做好事。親朋好友有了什麼事情，只要他能夠幫上忙的，就會全力以赴。他一年所有的收入，除去全家日常的開支外，全部都拿來救濟需要幫助的人。此外，他還自己花錢建了一座書院，收集書籍上千卷，聘請有才有德的老師，招納來自四面八方的讀不起書的貧寒子弟。但他自己家裏卻十分節儉，沒有錦衣玉食，更沒有榮華富貴。有一次，家裏的一個僕人偷了他很多錢，還寫了一份賣女契約貼在自己年幼的女兒身上：「永賣此女，以償還所偷之錢。」然後便逃跑了。竇禹鈞覺得這個僕人實在可憐，便不再追究責任。他燒了契約，收養了僕人的女兒。待她長大後，還為她物色了一個好女婿。

後來，竇禹鈞一連生了五個兒子，個個都長得相貌堂堂，聰明之極。此時他又夢見了祖父，祖父對他說：「這些年來，你行善積德，天上已經登記了你的名字。你不僅能夠延壽三十年，五個兒子也都會出人頭地。以後你應該再接再厲，不可鬆懈。」果然，後來他的五個兒子相繼登科。八十二歲那一年，竇禹鈞無疾而終。

竇禹鈞的樂善好施，為自己爭取來了好運氣，家人也跟著興旺發達起來。曾有人說：「放在自家錢櫃裏的金錢的閃光，只能吸引它的擁有者毫無價值的注意力，正如螢火蟲的輝光只能把自己暴露給牠的捕捉者。」是的，再珍貴的東西，如果得不到使用和發揮，就如同一堆破銅爛鐵，等著發黴生銹。錢財乃身外之物，死守著又有什麼意義呢？當死神來臨的時候，你不可能帶走一分一毫。用再多的家產也買不回來一秒鐘的生命。「鋼鐵大王」安德魯・卡內基也說過：「如果一個人到死的時候還有很多錢，那麼他實在死得很可恥。」

幫助那些需要幫助的人吧！並不是要你做什麼「驚天地，泣鬼神」的事情，說明別人有時只不過是需要我們做一些常人力所能及的事情，甚至只是舉手之勞，並不會給我們帶來任何的負擔。

只要我們人人都多一點愛心，多一點問候，多一點幫助，多一點博愛，這個世界就會變得美好起來。

2 學會苦中作樂，苦日子也要「甜」過

不少人都覺得自己的日子過得苦，其實細想一下，誰的日子過得不苦呢？即便是那些大老闆們，其日子也未必都是甜的。但不同的是，有些人苦日子也能過「甜」，而有些人卻總是將自己沉溺在苦中，這其實是心態的問題。

生活的滋味是靠自己去調的，你往裏面加鹽，它自然就鹹，你往裏面加糖，那它就會變甜。不過，這裏所謂的「鹽」和「糖」並不是真正的鹽和糖，而是我們每個人心裏的味道。我們必須明白：誰的人生都不是圓滿的。只要生活繼續下去，那就一定會有苦的滋味，但不論有多苦，我們都應該學會苦中作樂。如果我們執著於生活中的「苦」，那麼我們的人生就會痛苦不堪，但如果我們能換個角度來專注生活中的「甜」，那麼，我們的人生就如同被泡在了蜜罐中。

人生在世，沒有什麼過不去的坎兒。很多時候，其實事情並沒有那麼糟糕，是我們的

想像力將事情的嚴重性進一步擴大了。如果我們能夠苦中作樂，就會發現困難其實不過如此。笑對人生是一種境界，也是度過暴風驟雨的一件法寶，掌握了它，你的人生便能無往不勝。

公園的一角裏，有個女孩在那裏哭泣，看起來悲痛欲絕。此時，走過來了一位老者，他輕聲問道：「怎麼了？為什麼哭得這麼傷心？」

女孩回答說：「我剛才和男朋友分手了，我們是從小一起長大的，已經有了將近十年的感情。可是他說分就分了，頭也不回，我當然很傷心。」

聽了女孩的回答，老者卻出人意料地哈哈大笑起來，還說：「是這樣啊，這可是件好事情啊！你怎麼會哭呢？真是笨哪！」

女孩聽了這話很生氣，她說：「你這位老人家怎麼這樣，我遭受了這麼大的打擊，你不安慰我也就算了，怎麼還指責我？」

老者回答：「因為你根本就不用難過啊，真正該傷心的是他才對。你只是失去了一個不愛你的人，可他卻失去了一個愛他的人！」

女孩聽了豁然開朗，停止了哭泣。

其實，生活中的很多煩惱和痛苦都是很容易解決的，有時候只需要換個角度來想一想。就像故事的女孩一樣，換個角度想一想，就能夠收穫另一番風景。

日子是苦是甜，並不在於物質生活的好壞，而取決於人的內心。假如你認為自己的生活無可救藥，那麼你的一生就會在窮困潦倒中度過；假如你覺得生活可以有所改變，那麼你就能夠坦然面對任何困難。所以，如果你想讓自己的日子過得有滋有味，那就讓自己學會苦中作樂吧。

生活中總有一些人，他們面對苦日子時能夠自得其樂，就是因為他們懂得笑對人生。他們出身貧寒，沒有受到過高等的教育，從事著最基層的工作，但是在他們的臉上卻看不到一絲生活的困苦。他們從不嗟歎，從不牢騷，從不抱怨，有的，是對生活的積極樂觀、豁達從容，有的，只是綻放在臉上的明媚笑臉。他們用自己的行為，向人們詮釋了幸福和快樂的內涵；在苦日子面前，他們展示了生活的大智慧。雖然他們並不高，但卻值得世人仰視。

日子苦並不可怕，可怕的是人的心苦；受挫也並不可怕，可怕的是就此一蹶不振。所以，不論任何時候都應該提醒自己：只要信念還在，人生的旅途就會繼續；只要樂觀的精神還在，人生便會充滿歡樂。無論遭遇多麼不順的生活，只要你能夠撐過去，就能夠看到勝利。所以，再苦再累，也要記得笑一笑。笑一笑，人生會更加美好。

她曾經是一位富家千金小姐，從小便過著錦衣玉食的生活，什麼事情都不用操心，身邊的丫鬟僕人成群。由於受到西方文化的影響，這位小姐養成了一個習慣：每天都要喝下午茶。不幸的是，後來由於種種原因，她的家道中落，她不再是被人家侍候的千金小姐，而是淪為了一個到鄉下挖魚塘、清糞桶的人。

很多年過去後，她早已不再是當年的那個千金小姐，歲月帶走了她姣好的容顏，時光粗糙了她嬌嫩的雙手。可是，她喝下午茶的習慣卻依然沒有改變。

現在家裏一貧如洗，更沒有當年用來烘烤蛋糕的電烤爐，該怎麼辦呢？她就自己動手，用一隻鋁鍋在煤爐上蒸蒸烤烤，儘管沒有控制溫度的條件，她卻烤出了美味可口的西式麵包。然後她把麵包切片，再在煤爐上架上條條細鐵絲，將麵包片放在上面，做出了香噴噴的麵包吐司。這個時候，她總是怡然自得地享受著那份獨有的愉悅，渾然忘記了自己曾經受過的苦難，享受著幸福的點點滴滴。

儘管日子不再富裕，但她依然保持著那種細緻的生活，這種苦中作樂的精神實在讓人感動。如果人人都能夠以她這樣的心態來面對苦難挫折，那麼還有什麼困難能夠打倒我們呢？

若生活中沒有苦難，人生便少了幾許驕傲和自尊；若生活中沒有挫折，那麼成功時便少了一份喜悅；如果生活中沒有滄桑，那麼人們就會缺乏一份同情心。因此，不要總是過於要求生活完美，要知道每個人都不可能「四季如春」。經歷了春天的溫暖，就必須等待夏日的烈火考驗；收穫了秋天的果實，就必須忍耐冬日的嚴寒。但回過頭來你會發現，夏天雖然酷熱，但卻也有著如火的熱情，它讓人想到希望，想到未來，更給人以巨大的信心；而冬天雖然酷寒，但卻也獨有一份美麗存在，沒有葉子的樹枝，皚皚的白雪，這些都帶給我們無限的遐想與憧憬。

花兒每天都在綻放自己美麗的笑臉，不會因你的哀怨而浪費美麗。所以，當你覺得苦的時候，笑一笑。把苦日子過甜，是一種恬淡的榮辱不驚，是一種靜謐的居安思危，是一種頓悟的豁然開朗，也是一種達觀的胸無城府，更是一種睿智的運籌帷幄。那麼，究竟該如何將苦日子過甜呢？很簡單，忘記就好。生活中確實有很多不能承受之重，此時要學會放下，只要放下了，一切都會變得簡單。

3 缺憾也是一種美，人生沒有滿分

缺憾，一個十分刺眼、令人很不舒服的詞眼，它的出現註定帶給人們很多不愉快，所以很多人就像是逃避瘟疫一樣逃避它。可是，它卻並不管人們怎麼想，總是悄無聲息地來到我們身邊。不過回過頭想一想，缺憾固然令人心生失落之感，但它也能讓我們感受到更多不一樣的美麗，體味到更為豐富的人生內涵。說不定就是這小小的缺憾，才讓我們的人生出現了太多的轉機。

很多人不停地奔波，不停地努力，不停地經歷痛苦和失敗，也不在乎身心的疲憊，就只是為了成就自己眼中的那一份完美。但到頭來卻往往發現，其實自己所要的完美並不美。其實，這世上根本不存在絕對的完美，所以我們也沒有必要刻意追求完美。讓自己的生命裏有一些缺憾，也是很有意義的一件事，不是嗎？

缺憾是人生中不可避免的一個環節，不管你願意與否，它都時時刻刻與我們為伍，與其抗拒它，倒不如接受它。一個沒有缺憾的人生是不存在的，同時也是不完整的，有了缺憾，你的人生才顯得更加豐滿。再說，有了缺憾並不見得是件壞事，相反，有時缺憾還能為我們帶來好運。

從前有個國王，他有七個漂亮的公主，她們是他的驕傲和自豪。七個公主每人都有一頭烏黑亮麗的長髮，且遠近聞名，所以國王送給她們每人一百個漂亮的髮飾。

有天早上，大公主醒來後和往常一樣用髮夾整理她的秀髮，可是她卻發現自己的髮飾只剩下九十九個了。於是她偷偷地來到了二公主的房間裏，拿走了一個髮飾。二公主醒來後發現少了一個髮飾，便如法炮製地來到三公主的房間裏，也拿走了一個髮飾。就這樣，三公主拿走了四公主的一個髮飾，四公主拿走了五公主的一個髮飾……到最後，只剩下七公主的髮飾只有九十九個。

第二天，鄰國英俊瀟灑的王子來到了皇宮，他對國王說道：「昨天我養的百靈鳥叼回了一個美麗的髮夾，我想這應該是公主們的，所以特地趕來歸還。請問，是哪位公主丟了髮飾？」前六個公主都在心裏說：「是我丟的，是我丟的。」可是她們的頭上卻明明完整地別著一百個髮飾，所以只能在心裏生氣。這

時七公主走出來說：「是我的，我掉了一個髮飾。」話音剛落，她的頭髮便因為少了一個髮飾而披散開來，垂至腰間，王子不由得看呆了。後來，七公主和王子兩個人相互產生了愛慕之心，過上了幸福美滿的生活。

如果前面六位公主知道事情的結局是這樣的，想必她們應該不會去偷偷地拿別人的髮飾吧？為什麼一出現缺憾就要想盡方法去彌補呢？這一百個髮飾，其實就是我們的人生，少了一個髮飾，人生中便留下了遺憾，可也正是因為如此，人生才有了無限的轉機和可能，這又何嘗不是一件好事情呢？

煙花綻放時是美麗的，但同時也是它飄然而逝的時候；流星從天空中劃落，這是讓人遺憾的，但所有人又都覺得這是美麗的，因為那條美麗的孤線留給了人們無限的遐想、無窮的希望及無盡的留戀。李白的仕途不順令人遺憾，但若非如此，他如何能寫出「安能摧眉折腰事權貴，使我不得開心顏」的大氣之作呢？陶淵明遭人排擠令人感到可惜，但如果不是這樣，他又怎麼能體會到「採菊東籬下，悠然見南山」的境界呢？

中國的「四大美女」擁有「沉魚落雁、閉月羞花」之貌，令無數後人懷念和憧憬，但她們每個人的下場都不好。西施被沉溺於水中；楊貴妃被唐玄宗賜死；貂嬋則淪為王允、董卓等人爭權奪利的工具，下落不知所蹤；王昭君則遠嫁匈奴，最後抑鬱而死。不過，也許正是因為這樣，後人才會對她們更加緬懷，更加懷念。

為什麼初戀總是讓人刻骨銘心？為什麼得不到的永遠是最好的？為什麼失去以後才會覺得倍加珍惜？其實，這一切就是因為有了缺憾。此時此刻，缺憾的光芒四射，照亮了每個人的心房。

有一個小木輪，每天生活得很快樂。可是有一天，它突然發現自己的身上少了一塊木片，這讓它覺得很失落，因為它覺得這是一種缺憾，影響了自己的美觀。於是，它決定去尋找一片和自己所丟失的一樣的木片。

小木輪開始了長途跋涉，不過由於缺少了一塊木片，它的行走速度很慢。還好此時正值春暖花開的季節，一路上到處都是百花盛開的美景，五顏六色的花朵裝點著綠色的田野，空中還有很多鳥兒在唱歌，微風輕輕地吹在小木輪的身上。享受著大自然的美麗，小木輪幾乎快要忘了自己此次出行的目的。不知過了多久，它終於見著了一塊和自己的缺口一樣的木片，便高興地將木片裝在自己身上。它想：這下我又可以恢復完美之身了。

然後，小木輪開始往回走。這一次它的速度飛快，不禁很開心，可是沒過多久它就覺得無聊了。因為它再也沒有時間欣賞沿途的風景，也不能聽到小鳥的歌

唱，這讓它感到十分單調和枯燥。經過再三考慮，小木輪決定將揀到的木片拆下來，再次帶著缺憾上路，不久它便把快樂的心情重新找回來了。

因為少了一塊木片，使得小木輪可以欣賞到美麗的風景，此時缺憾反倒成為一種「恩賜」。每個人的人生中都有缺憾，高興的、煩惱的，值得的、不值得的，令人感慨頗多。不少人對待缺憾的態度是：無限惋惜，無限後悔，難以釋懷。其實大可不必如此。太陽有升有落，月亮有陰晴圓缺，一年有四季變換，就連茫茫宇宙都不曾擁有過永恆的完美，那我們人類又何必強求人生中不留一絲遺憾呢？

威爾斯坦利是美國一所著名大學的經濟學教授。由於他的教學方法獨特，教育理念新穎，思維模式超前，因此非常受學生的歡迎。

在威爾斯坦利的學生中，有一千多位都成為了國際國內著名的經濟學教授，三千多位成為了世界各界的精英人士，還有三位諾貝爾經濟獎的獲得者。然而，這些優秀的學生在威爾斯坦利的課程中從來沒有得到過一百分。更令人感到不解的是，威爾斯坦利教授在近半個世紀的教學生涯中，從來沒有給過任何一個學生滿分。

在這位著名的教授退休的日子，學校為他舉行了專門的歡送大會。在會上，一位學生終於忍不住向威爾斯坦利教授提出了這個問題：「威爾斯坦利教授，在您五十年的教學生涯中，為什麼從來沒有給哪個學生打過滿分呢？」鬚髮皆白的威爾斯坦利教授微笑著說：「這個世界上從來就不存在完美的東西。即使是聖人，也不可能完美無缺。所以，我的學生又怎麼會是沒有任何缺陷的呢？正是因為這樣，我才沒有給任何一個人評過滿分。」

聽了這個解釋，這位學生依然一頭霧水。威爾斯坦利教授接著給大家講了這樣一個故事：

在我們學校裏，曾經有過這樣一位老教授，他學識淵博，並且十分疼愛自己的學生。在他幾十年的教學生涯中，曾教過許多優秀的學生。這其中有些學生不但才思敏捷，而且做起題來也非常棒，幾乎是完美的天才。於是，這位老教授為了激勵學生，經常給他們的作業打一百分。

本來，老教授認為自己既然給這些優秀的學生打了滿分，他們肯定會受到激勵，下次會做得更好，會依然獲得滿分。可結果卻讓老教授非常失望，這些得過滿分的學生，下次考試的成績卻是九十八分，九十五分，甚至是更低的分數。到了最後，這些優秀學生的成績變得越來越差。

到了年終考試的時候，這些最優秀的學生卻往往成績非常差，有的甚至還不及格。

後來，這位老教授終於明白，不管多麼優秀的學生，一旦你給了他滿分，他就會產生懈怠的心理，從而其學習成績就會越來越差。因此，在面對滿分的考卷時，要千方百計想辦法扣他一分。這樣，他才會有繼續前進的目標和動力。

從那之後，這位老教授再也沒有給過任何一位學生滿分，而那些優秀學生的學習成績也終於保持住了。老教授退休時對他的兒子說：「千萬要記住，人生沒有滿分！」

幸運的是，他的兒子將這句話記了一輩子。這位老教授就是我的父親。

威爾斯坦利教授的話音剛落，台下便響起了雷鳴般的掌聲。

這個世界上不存在十全十美的東西，任何東西都有它一定的缺陷與不足。人生也是如此，沒有一個人的人生是十全十美的，即使再優秀，再成功，也永遠不可能是滿分。因此，要時刻保持努力，向著自己人生的滿分一路前行。

在藝術領域裏，評論家們甚至認為：「完美的趣味本身就是一種局限，單調的美容易使人淡忘，而一些缺點往往起到震撼心靈的作用，使創作更加生動真實。」就像是斷了臂的「維納斯」一樣，留給人們無限的想像空間，幾乎所有的藝術家都認為「她」有一種攝人心魄的美。曾經有不少人提出想為維納斯接上斷臂，並想出了很多種方案，但都沒有實現。就是因為一旦幫「維納斯」接上斷臂，那麼這件驚世之作的價值便會大打折扣。因為「十全」的東西並不一定是「十美」的，正是因為「維納斯」斷了雙臂，才出人意料地獲得了一種不可思議的抽象的藝術效果，成為「缺憾美」的代言詞。倘若「她」一開始便是完整的，那麼便不會再有今天如此神秘的誘惑力了。

誰不想將事情做到最好，誰不想成為最優秀的那個人，但究竟什麼才是完美？如何做才是完美呢？並沒有人給這些問題一個標準的答案。你覺得完美了，他人並不一定覺得完美；而你覺得還有缺憾，在他人眼裏卻未必不是完美。把缺憾看成是另一種美又如何？請堅信，缺憾的美也是一種美。就像是一杯清茶，入口時雖然苦澀，但細細品嘗卻讓人回味無窮。

4 感謝磨難，因為它讓我們更強大

你在遭受工作的折磨嗎？

你在遭受失戀的折磨嗎？

你在遭受病痛的折磨嗎？

……

無論我們正在經受什麼樣的磨難，都應該對折磨我們的那些事抱持一種感謝的態度，因為那是命運給了我們一次戰勝自我、昇華自我的機會。

「滴水之恩，湧泉相報」，這是人之常情，然而卻很少聽說要感謝那些折磨自己的事。但，我們要清楚，折磨你的事不一定都是壞事，它也許會讓你從中學會面對傷害，重新認識挫折，不停尋找出路，突然發現一個全新的自己。

想獲得一個不一樣的人生，我們就要認清那些折磨過自己的人和事。當我們的心化浮躁為平靜後，就會認識到，生命中的每件事、每個人，都會給我們一個獲得能量、昇華自己、向更高更遠處前進的機會。

著名作家羅曼．羅蘭說：「只有把抱怨別人和環境的心情化為上進的力量，才是成功的保證。」我們每一個人也只有學會感謝那些曾經折磨過自己的人或事，才能看見自己心中的遠闊，才能重新認識自己。

每一個人都擁有一個未知的人生，很多事情都是難以預料的。人生在世，免不了要遭受苦難，如不可抗拒的天災人禍，遭遇亂世或災荒，患上危及生命的重病，失去朋友、親人，還有那些發生在生活中的重大挫折，如失戀、婚姻破裂、事業失敗等。人的一生總要經受很多折磨，承受各種苦難。有些人在面對種種折磨時，聽天由命，最後平庸地度過一輩子；有些人超越了這一切，最終擁有幸福快樂的一生。

獲得不一樣的人生並不難，只需要我們換個角度看世界，不用消極的態度看待那些曾經折磨過自己的事。這樣，折磨過我們的那些事，就會變成一種促進我們成長的積極因素。

生命是一次次蛻變的過程，唯有經歷了各種各樣的磨難，才能增加你生命的厚度。一個學會了感謝磨難的人，終將發現一個「心想事成」的自己。也許在別人眼中，苦難、挫折和失敗如洪水猛獸，但在「感謝磨難」者的眼中，那些「洪水猛獸」卻自有美好之處，

也正是經歷了這些，他們的人生才變得與眾不同。

在這個世界上，只有一件事比遭遇磨難還要糟糕，那就是從來不曾被人折磨過。因為，當一個人受盡折磨時，他的潛能才會被激發出來，而且，唯有此時，他才能越挫越勇，逼迫自己去突破現狀。

然而，現實卻是，很多人從來不懂得感謝生命中的那些磨難，他們總是為自己尋找各種理由和藉口，稍有困難和危險，他們馬上就會退縮，或繞開這些，朝另一條道走去。

在一個黑漆漆的屋子裏，教授帶著十位學生過一座獨木橋。教授告訴他們，你們什麼都不用想，只要跟著我走就行了。這十位學生跟在教授後面，如履平地似的，穩穩當當地走過了獨木橋。

然後，教授將屋裏的燈一盞盞全部打開，眾人定睛一看，嚇得面如土色。原來橋下水池中十幾條鱷魚正來回游著。這時，教授一個人不慌不忙地走到橋的另一端，對對面的學生說：「不要擔心，我們已經做好了相應保護措施，很安全。你們再走過來試試？」

眾人皆搖頭，沒有一個人願意再過去了。

一位學生問：「如果我們掉在橋下的網上，把網砸破了怎麼辦？」

「橋與水池中間的那個鐵絲網很結實，即使你們落在上面也不會發生任何意外。」

又有學生問：「如果鱷魚躍出水面，將網撕破，我們不就危險了嗎？」

「這個你們放心，我們已經做過多次實驗，鱷魚是夠不到那張網的。」教授又解釋。

學生們你一個問題，我一個問題，教授都一一解決。當學生們所擔心的所有不確定因素都被教授解答完，並確保他們的人身安全以後，大家還是顧慮重重，沒有人願冒這個險。

這只是一次實驗，對那群學生，我們也不必苛責。然而通過這個實驗，我們卻可以看清一些人遇到問題時的表現。生活中，很多事情是我們無法逃避的，有些問題和經歷我們無法躲避，必須去面對。

當經歷過那些生命中的挫折和磨難時，我們又該如何看待呢？心態決定命運，同樣也決定如何看待那些折磨過我們的事。因為人是各種觀念的集合體，有什麼樣的觀念，就會得到什麼樣的人生模式。

沒有人能贏得全世界的喜愛，你當然會有敵人，總會有人表現出對你的不滿，和你暗

暗較勁，甚至背後中傷你。然而，也正是有這樣的人存在，才讓你不得不警惕，使你躲過了人生中一個又一個的陷阱，並不斷地增長智慧和才幹。你應該為自己能擁有一個強大的敵人而驕傲，你的敵人越強，說明你也在越來越強大。

「優勝劣汰」是誰也無法逃避的自然法則，這個法則公正而又殘酷。不可否認的是，這其中總會有很多人被自己的對手打敗，甚至葬送了前途。正是為了避免這種可悲的結局，我們才更應該努力強化自己，勇於競爭，這樣才能戰勝敵人、超越對手。

有人曾這樣說過，懂你的敵人可能正是你最好的老師，你可以討厭他，但必須向他學習。

有時候，仇敵會對你更好些，朋友反倒對你更壞些。從來，只有在和別人的角逐和較量中，我們才會收起所有的懶散和藉口，全力以赴地對待別人的挑釁，從而表現出超常的毅力和智慧，甚至達到自己都難以相信的境界。這些都離不開對手的存在，是我們的敵人讓我們發揮出無限的潛能來。

敵人並不可怕，沒有敵人才更可怕。因為，朋友往往會出於善意的保護，為你編織了一個又一個的美麗謊言，讓你躺在自己的缺點上沾沾自喜，意識不到自己身上存在的缺點和問題。而只有敵人才能激發出你最大的潛能，讓你投入全部的精力去跟他一爭高低，也許，正是敵人的存在才讓你變得優秀起來。

看看你身邊的敵人，往往從他們的身上，你才能真切感受到自己的水準，認識到自己的缺點和不足。

動物學家對生活在奧蘭治河兩岸的羚羊產生了濃厚興趣，他們通過大量的研究發現，儘管河兩岸羚羊的生存環境和食物儲量都是一樣的，但東岸羚羊的繁殖能力遠遠強於西岸的，不僅如此，東岸羚羊的奔跑速度比西岸羚羊每分鐘要快十三米。

為了解釋這一現象的原因，動物學家繼續深入研究。結果發現，原來東岸羚羊的附近生活著一個狼群，羚羊為了不被狼吃掉，每天都要全力奔跑逃命，而西岸的羚羊則不存在狼群的威脅，過著悠游自在的日子。

動物學家隨機把兩岸的羚羊對換，結果放在東岸的西岸羚羊大多數被狼吃掉了，而放在西岸的東岸羚羊非但沒有死掉，反而更加繁殖壯大。

生活在挪威的漁民為了賺個好價錢，常常費盡周折從深海裏捕撈出沙丁魚，可往往還沒等把沙丁魚運送回海岸，牠們就已經口吐白沫，奄奄一息了。要知道，死了的沙丁魚是不值錢的。為此，漁民們想了很多的辦法，但都沒有成功。

然而，有一條漁船卻總能帶回活的沙丁魚上岸，船主為此賣出的價錢要比別人高出幾倍。人們百思不得其解，不明白船主究竟用了怎樣的方法。

後來，船主慷慨地告訴了人們其中的奧秘。原來，方法很簡單，他在沙丁魚槽裏放進了鯰魚。鯰魚是沙丁魚的天敵，當魚槽裏同時放有沙丁魚和鯰魚時，鯰魚出於天性就會不斷地追逐沙丁魚。在鯰魚的追逐下，沙丁魚拚命游動，激發了內部的活力，從而才活了下來。

適應天敵，戰勝天敵，才能讓你不斷挑戰新的自我，讓你不斷地進步。這個道理適用於所有的生物鏈，號稱高等動物的人類也不例外。翻開歷史的長卷細細體味，你將會發現，其實大部分人的聰明才智、光輝成就，乃至不朽英明，都離不開對手的打擊和壓迫。你所面對的敵人越強大，你源於內心的壓力就會越大，這樣你的成長才會越迅速。

假如把人生比作是風雲變幻的大海，那麼我們每一個人都是行駛在海面上的航船，從起點到終點，我們按照各自不同的航線在前進，並沒有一條固定的路線供我們選擇。我們必須承受的來自敵人的種種磨難，就如同是我們承載的貨物一樣，這些「貨物」雖然在一定程度上增加了船身的負荷，但同時也增強了船隻抵禦驚濤駭浪的能力。

5 感恩生命，任何時候都是最好的

在一次電視節目中，主持人問了在場所有觀眾一個問題：「大家覺得，在一個人的生命中，哪個年齡段是最好的呢？」

台下觀眾大聲喊著自己認為最好的年齡段，但七嘴八舌，總是達不成一致意見。

於是，主持人請上來幾位觀眾作為代表，讓他們來回答這個問題。

一位七八歲的小女孩說：「我認為人生最好的年齡段是『兩三個月大』的時候，這個時候，走路會被爸爸媽媽抱著，吃飯會有爺爺奶奶幫忙，就連上廁所都不用自己動手。這個年齡段什麼都不用幹。所以我認為一個人『兩三個月大時』才是人生最好的年齡段，因為你能在這個年齡段得到更多的愛與照顧。」

一位十來歲的小男孩說：「我認為是三歲時。因為這個年齡段不用去上學，可以自己跑著玩，可以向父母撒嬌，還可以要求他們為自己買許多好吃的。這個年齡段是無憂無慮

的，我覺得這是人生最好的年齡段。」

一位上初中的少年回答：「十八歲，因為十八歲就是成年人了。一個人一旦到了十八歲，就可以自己做決定了。可以一個人開車外出，可以向心愛的女生表白，可以獨立的生活了。」

一位四十多歲的中年男人回答：「我認為是廿五歲。我記得廿五歲時是我人生精力和體力最充沛的時期。那個時候，我經常工作一夜，第二天照樣上班都沒有任何問題。隨著年齡的增長，我的身體也一天不如一天了，精力也越來越差。現在，我四十五歲了，經常吃完晚飯就開始犯睏了。所以，我真的特別懷念自己廿五歲時。我想其他人也一樣，都會感覺廿五歲才是人生最好的年齡段。」

一位五歲的小女孩回答：「我認為人生中最好的年齡段是在三十歲。因為三十歲的人可以整天待在家裏不去工作，可以和一幫人打麻將，可以和一幫人去逛街，可以天天睡到中午才起床。」有人問這位小女孩的媽媽多大了，小女孩天真地回答：「我媽媽三十歲了。她現在就像我剛才說的那樣，多麼逍遙自在啊！」

一位女士回答：「四十五歲，因為這個時候大多數人的孩子都已經長大，自身的壓力就會變得小一些。這個時候可以好好替自己考慮一下了。所以，我認為這個年齡段是最好的，雖然我知道很多人未必會贊同我的觀點。」

一位五十五歲的男士回答：「我認為四十歲時是最好的年齡段。因為這個年齡段的人大多事業有成，家中老人身體健康，孩子聰明伶俐。自己也通過努力有了一定的社會地位，至少有了些積蓄。一家三代在一起，感覺非常的幸福。」

最後回答的是一位七十六歲的老人，她笑著說：「我覺得不同的人在不同年齡段會有不同的回答。他們總是在羨慕某個年齡段，羨慕某個年齡段的生活。其實，你現在的年齡就是最好的。要學會享受現在。所謂的享受生活就是能享受現在。千萬不要光顧了羨慕別人，羨慕未來，羨慕過去，忽略了享受現在。因此，我認為任何一個年齡都是最好的。」

話音剛落，台下響起了一陣熱烈的掌聲。

每個人都在幻想著最美的年齡，卻很少有人想到享受現在的年齡。其實生命就是這樣，在你羨慕和歎息著美好的事物時，卻忽略了自己身上悄然而至的美麗。因此，要懂得享受現在。**請記住：每個年齡段都是最好的！**

6 堅持善良，讓生命散發瑰麗的光芒

善良是人生的燈塔，它不僅照亮了我們前行的方向，也給人們、給世界帶來了光亮。只有經歷過善良的人，才能悟透「善良」的含義。

我們苦苦地追逐財富，卻不知道「善良」才是這個世間最為珍貴的寶物，是一筆無價的財富，也只有「善良」才是我們心靈真正的歸宿。善良，在我們每個人的內心深處，即便是罪孽深重者，穿過靈魂的縫隙，也總能尋到一絲善的光芒。當我們自以為失敗，甚至一無所有時，至少還有時間和未來；當我們自以為貧窮，甚至一文不值時，至少還有微笑和善良。善良是廣闊無垠、包容一切的胸懷；善良是沒有得失的計較、沒有對錯的分辨、沒有好壞的執著的一種大氣；善良是一種看不見、摸不著的美麗；善良是一種至尊、高貴的氣質。生命會因為你的善良而閃爍瑰麗的光芒。

一名劫匪頭戴蜘蛛人面罩，衝進捷克北部城鎮捷克捷欣的一家商店，拔槍向店員要錢。五十九歲的店員瑪律凱塔·瓦霍娃既沒有奮起反抗，也沒有給劫匪拿錢，而是不慌不忙地遞給劫匪一杯茶和一塊蛋糕。

奇蹟因此發生了，劫匪放下了敵意，和瓦霍娃聊了起來。他們談得很放鬆，也很和諧。「我問他為什麼幹這個，我們就聊了起來。當時店裏沒有其他人，因此我猜他放鬆了一點。」瓦霍娃說。

瓦霍娃還對劫匪說，如果他願意，可以跟她講講他的故事，還可以喝茶、吃蛋糕。劫匪居然同意了，最後離開前還沒忘記道歉和道謝。

瓦霍娃利用一杯茶和一塊蛋糕，就這樣不動聲色地化險為夷。雖然劫匪曾拿槍指著她，但瓦霍娃仍願意相信「他是個挺好的年輕人」——正是這種善意的想法拯救了瓦霍娃自己。

我國南方某市曾發生過這樣一個真實的故事：兩名毫無經驗的綁匪綁架了一個六歲的孩子。在等待贖金的過程中，兩名綁匪身無分文。其中一人出去借了二十塊錢，買回來兩份盒飯，一份給了那個孩子，另一份兩個綁匪分而食之。獲救後，孩子對員警說：「員警叔叔，放了這兩個叔叔吧，他們不是壞人，他們實在太窮了。」

兩個「毫無經驗」的綁匪，綁架失敗，卻獲得了被綁架者——一個六歲孩子的寬恕。這一切只源於他們一個小小的善舉——他們把用借來的錢買來的一份盒飯給了那個孩子，而他們兩個成年人卻分食著另一份盒飯。

這聽起來多少有些讓人難以置信。可在一個六歲孩子的眼裏，這種善意留給他的印象比綁架帶給他的恐懼感要強烈得多、深刻得多。這就是善意的力量。

黎巴嫩南部城市蘇爾有家很普通的理髮店，店主叫法裏斯。一天，店裏來了個衣衫襤褸、蓬頭垢面的人。法裏斯熱情地招呼他坐下，並認真地給他剪起了頭髮。那人說他叫薩米，在附近的建築工地打工。理完發的薩米精神多了，儼然跟換了個人似的。

該付錢了，薩米卻說他根本沒錢，身上只有一張前幾天買的彩票。薩米說如果他中獎了，願意把獎金的一半送給法裏斯。法裏斯笑了，他知道薩米中獎的概率微乎其微，但他還是欣然答應了。

誰也不會想到，奇蹟竟然真的發生了。幾天後，薩米拿著七點五萬美元來補交理髮費。他那張彩票竟然真的中了獎，獎金高達十五萬美元。

有位印度人曾經說過這樣的話：「如果某個人在路上發現有人中了箭，他不會關心箭從哪個方向飛來，也不會關心箭杆用什麼木頭做成，箭頭又是什麼金屬，更不會在意中箭的人屬於什麼階級。他不會過問這麼多，只會努力去拔出那人身上的箭。」這就是善意，是人最本能、最原始的能力。正是這種善意，使人類得以一代代地傳承。

清嘉慶年間，有一個叫喬任齊的人，因孝順父母而聞名。據說，一個老頭看到喬任齊，沒說幾句話，就無可救藥地喜歡上了他，當下就把女兒許配給了他。

這件事有點誇張，但更特別的事還在後邊。

一個曾跟他一起做過買賣的朋友，活得有點落魄，實在混不下去了，便跑到他這裏來，希望能得到救濟。喬任齊二話沒說，便拿出錢來資助他。

然而，那朋友走的時候，有人從他的行囊裏搜出了店裏的東西。大家都很氣憤，把這件事告訴了喬任齊。哪知，喬任齊卻趕緊讓人把搜出來的東西放回到朋友的行囊裏，而且還特別叮囑大家不要說破這件事。後來，朋友再來，喬任齊待他還像原來一樣。

店裏的夥計覺得喬任齊太善良了。喬任齊笑笑，說：「有兩個人的故事，我一直忘不了，也講給你們聽聽。」

「一個人姓吳，徽州人，在富陽一帶做買賣。每年的年末，到了晚上，夜深人靜時，他都要懷揣好多金子，奔走在裏巷之中。只要碰到窮人家，他就會把金子放在這家人的院

裏，而且做得悄無聲息。也因此，好多窮人家的年過得有滋有味，卻沒有一家知道這錢是誰給他們的。

「另一個人姓焦，江寧人。有一次，他帶三百金來富陽做買賣，正趕上江水氾濫，好多人家都被水淹了。他急了，拿出三百金來，說，誰能拯救落入江水中的人，救起一個，就給一金。此語一出，會水的人紛紛下去救人。他沒有食言，好多落難的人都被救了回來。不僅如此，他還出錢為那些受災的人買吃的喝的，水患過去之後，還給他們盤纏，送他們上路。那一次富陽之行，他買賣沒做成，卻把三百金花得一乾二淨。然而，自始至終，姓焦的商人沒有說過一句可惜的話。」

在人性的美面前，有三種人：一種是麻木冷漠的人；一種是相形之下，意識到自身卑瑣的人；而另一種人，卻用溫暖點燃了他人的溫暖，用善良餵養了自我的善良。

所以，無論經歷怎樣的坎坷，怎樣的磨難，都要堅定地守候心底裏「善良」這塊寶貴的沃土。只有這樣，我們才不會在紛繁的世事、喧囂的繁華中迷失生命的方向；我們的內心世界才會有陽光的燦爛、百花的芬芳；我們生命的旅途中才會輕歌曼舞、笑聲飛揚；我們才能抵擋住人生道路中所有的風雪雨霜。

古人有云：「心淨生智能，行善生福氣。」一心就像一粒種子，生長在天地之間，喜怒哀樂的情感造就了善惡之心。有一顆充滿善意的心，你的行為和語言就會大不一樣。心懷善意的人，人生的路必將越走越寬。

7 不以物喜，不以己悲

有個小和尚從小生活在寺院裏，突然有一天，他向方丈提出要還俗。

方丈問他：「你為什麼要還俗？」

小和尚：「我覺得當和尚一天到晚都念經，還有那麼多的清規戒律，跟蹲監獄沒什麼區別，一點樂趣也沒有，哪有紅塵生活來得快活。」

方丈：「你只看到紅塵生活的美好，卻沒看到芸芸眾生的痛苦；你總覺得自己的生活乏味，卻沒想過自己適合什麼樣的生活。我給你講個故事吧：

「從前有兩隻老鼠，一隻住在城裏，一隻住在鄉下，牠們是好朋友。有一天，鄉下老鼠寫了一封信給城裏老鼠：城裏老鼠兄，有空請到我家來玩。在這裏，可享受鄉間的美景和新鮮的空氣，過著悠閒的生活，不知意下如何？

城裏老鼠接到信後，高興得不得了，立刻動身前往鄉下。到了鄉下，鄉下老鼠拿出很多大麥和小麥放在城裏老鼠面前。城裏老鼠不以為然地說：「你怎麼能夠老是過這種清貧的生活呢？住在這裏，除了不缺食物，什麼也沒有，多麼乏味呀！還是到我家玩吧，我會好好招待你的。」

於是鄉下老鼠就跟著城裏老鼠進了城。

看到城裏老鼠豪華乾淨的房子，鄉下老鼠非常羡慕，再想到自己在鄉下從早到晚都在農田上奔跑，以大麥和小麥為食物，冬天還得在雪地上啃草根，和城裏老鼠比起來，自己實在是太不幸了。

聊了一會兒，牠們就爬到餐桌上，開始享受美味的食物。突然，砰的一聲，門開了，有人走了進來。牠們嚇了一跳，飛也似的逃進牆角的洞裏。

鄉下老鼠嚇得忘了饑餓，定下神來，牠對城裏老鼠說：『我想我還是比較適合鄉下平靜的生活。這裏雖然有豪華的房子和美味的食物，但每天都緊張兮兮的，倒不如回鄉下吃麥子來得快活。』說罷，鄉下老鼠就離開城市回到鄉下去了。」

最後，方丈說：「城裏老鼠和鄉下老鼠有著不同的生活方式，即使牠們都曾經對對方的生活有過好奇，有過羡慕，但是牠們最終還是回到了自己的生活裏。所以，我希望你也想清楚，你從小就生活在寺院裏，已經習慣了這裏的清靜。還俗以後，你能否忍受紅塵中的是是非非？能否應對遠離佛祖的孤單？」

小和尚聽後，決定繼續留在寺院裏。

小和尚還俗未必就是壞事，但他搖擺不定，不知道還俗之後不適應怎麼辦，表現了性格中的不確定性。每一種生活裏都有它的苦與樂，每一個人都有適合他的生活方式，如果不考慮自身條件就貿然地換環境，那就難免會像鄉下老鼠進城一樣無所適從。如果最後還是不免像鄉下老鼠一樣回歸原來的位置，損失的又豈止是時間？這種搖擺心態在現代職場中的危害很大，千萬不要總是這山望著那山高，因為那山之後還有一山，一山又一山地漫遊下去，你最終會迷失方向。找到適合自身的發力點，然後「咬定青山不放鬆」，假以時日，你必會有所成就。

富貴和貧窮其實不僅僅體現在物質上，有時候精神上的富貴和貧窮才是一個人快樂與否的根源。總有很多人看到別人開著豪車，住著別墅，山珍海味應有盡有，於是他們就幻想著有朝一日自己也能過上那種生活，那樣自己就會很快樂，沒有煩惱了。其實，這是一種錯誤的認知。就算讓一個貧窮的人去過富人的生活，他也不會安心，因為他的生活方式完全不適應那樣的一個環境。每個人都有他不同的生活方式，如果貿然去打亂他原來的生活方式，苦的只有他自己，即使擁有再多的財富，他也不會快樂。

每個人都應該按照自己的生活方式去生活，不要盲目羨慕別人。每一件事情的背後都有其利弊，有時候我們只看到了好的一面，而沒有看清其後面隱藏的陷阱。如果你想過得快樂，想擁有一個不平凡的人生，就要堅定自己的理想，朝著那個方向，一步一個腳印地走下去，縱使遇到再大的困難也不退縮。這樣的人難道會平淡一生嗎？不會的，只要一個人能夠踏踏實實地做事，他肯定會有所成就。

要想成功，必須調整好自己的心態，不能因為外界的誘惑而改變自己的想法或是原則。搖擺不定的人總是會以各種理由去逃避問題，每當遇到困難，他們就會動搖自己當初的目標，這樣的人終將一事無成。所以，我們要想讓自己的生活變得富裕，自己變得快樂，首先要讓自己的心態成熟起來，要確定自己的目標，朝著自己設定的方向「風雨無阻」。只要擁有一顆堅定的心，還有一雙勤勞的手，成功就不會遠走。也許有一天，別人也會幻想有你這樣的人生。

8 雨後的天空才有彩虹

善靜和尚二十七歲時棄官出家，投奔至樂普山元安禪師門下，元安令他管理寺院的菜園。

有一天，一個僧人認為自己已經修業成功，可以下山雲遊了，就到元安那裏辭行。

元安決心考他一考，便笑著對他說：「四面都是山，你往何處去？」

僧人猜不透其中的禪理，無言以對，只好愁眉苦臉地往回走。路上經過寺院的菜園子，被正在鋤草的善靜發現，善靜就問這位僧人：「師兄為何苦惱？」

僧人就把事情的來龍去脈一五一十地告訴了善靜。善靜略一思忖，便想到元安禪師所說的「四面都是山」就是暗指「重重困難」、「層層障礙」，實際上是想考考這位師兄的信念和決心，可惜他卻沒參透師父的心意。於是，善靜就笑著對僧人說：「竹密豈妨流水過，山高怎阻野雲飛。」暗示僧人只要有決心，有毅力，任何高山都無法阻擋。

僧人如獲至寶，再次向元安辭行，並說：「竹密豈妨流水過，山高怎阻野雲飛。」他滿以為師父這次肯定會誇獎他，准他下山。誰知元安聽後先是一怔，繼而眉頭一皺，眼睛盯著僧人，肯定地說道：「這不是你的答案。是誰幫助你的？」

僧人無奈，只好說是善靜說的。

元安對那個僧人說：「善靜將來一定會有一番作為！多學著點兒吧，他都沒有提出下山，你還要下山嗎？」

世上沒有不可逾越的障礙，關鍵在於你自身有沒有戰勝困難的勇氣和毅力。只要肯用心思考，辦法總比問題多。只要下定決心，一切困難都能迎刃而解。

世上無難事，只怕有心人。「沒有比腳更長的路，沒有比人更高的山」，明白了這一點，再大的困難在你面前都算不上困難；做到了這一點，困難也會為你感動，天地萬物都會助你一臂之力。

在生活中，每個人都會遇到各種各樣的困難，誰也不可能一帆風順地走完一生。人，只要活著，就會遭遇挫折。遇到這些困難時，我們該怎麼做呢？好多人選擇了逃避，因為

他們怕困難把自己打倒，所以不肯去面對。但是想想看，即使逃避，困難就能自動化解嗎？當然是不可能的。逃避只能等著失敗來找上自己，堅強地去面對困難或許還可能挽回局面。

困難隨時隨地都能找到我們，誰也不可能免得了困難的騷擾。但是，很多人不明白，為什麼有的人好像一輩子都沒有遇到過苦難，這是為什麼？其實，不是他們沒有遇到過困難，而是他們總有一顆和困難抗衡的心，心越是堅強，困難也越容易對付，所以他們總是能開開心心地過好每一天，在他們身上看不到煩惱的影子。那些有成就的人，他們一生中遇到的困難更多，這也鍛煉了他們一顆堅強的心。所以，他們才能在激烈的社會競爭中爭得一席之地，才能成就一番事業。

一個小和尚總覺得方丈對自己不公，因為方丈一連讓他做了三年誰也不願意做的行腳僧。

一天清晨，小和尚聽著外面滴答滴答的雨聲，心說今天總算可以休息一天了。誰知方丈照常敲開他的房門，嚴厲地問他：「你今天不外出化緣？」

小和尚不敢說是因為外面下雨，便和方丈打起了禪機。他故意走到床前一大堆破破爛爛的鞋子前面，左挑一雙不好，右挑一雙也不好。

方丈一看就明白了，說：「你是不是覺得我對你嚴厲了點？別人一年都穿不破一雙鞋，你卻穿爛了這麼多的鞋子。而且今天還下著雨……」

小和尚點點頭。

方丈說：「那你今天就不用出去了，一會兒雨停了，隨我到寺前的路上走走吧。」說來也奇怪，不一會兒，雨真的停了。

寺前是一座黃土坡，由於剛下過雨，路面泥濘不堪。

方丈拍著小和尚的肩膀，說：「你是願意做一天和尚撞一天鐘，還是想做一個能光大佛法的名僧？」

小和尚說：「當然想做名僧。」

方丈撚須一笑，接著問：「你昨天是否在這條路上走過？」

小和尚：「當然。」

方丈：「你能找到自己的腳印嗎？」

小和尚不解：「我每天走的路面都是又乾又硬的，哪裏能找到自己的腳印？」

方丈笑笑，說：「今天你再在這條路上走一趟，看看能不能找到自己的腳印？」

小和尚說：「當然能了。」

方丈又笑了，不再說話，只是看著小和尚。小和尚愣了一下，隨即明白了方

丈的苦心。

泥濘的路上才有腳印，雨後的天空才有彩虹。

痛苦是最好的老師，成長路上的每次磨難，不僅是對一個人最好的考驗，也是一種潛在的饋贈。

因為刀靠石磨，人靠事磨，唯有滾水才能喚起茶葉的香，唯有磨礪才能將璞石打磨成寶玉。

「沒有人能隨隨便便成功」，現實就是這麼殘酷，成功不會因為你已經付出許多而青睞你，它只會迎接那些在泥濘的道路上走出來的人。

磨難是一個人成長的標誌，只有經過歷練的人才可以在紛雜的社會裏站住腳。每個人的一生之中都會遇到很多磨難，只有把磨難當作一種考驗，才可以讓自己越來越堅強，從而活出自己的精彩。

痛苦能讓一顆脆弱的心變得堅強，能讓一個弱不禁風的身體變得強壯。只有經歷過痛苦和磨難的人生，才是真正的人生。

總有很多人想逃避磨難，他們以為沒有磨難的人生才是一個快樂的人生，才能享受到生活的樂趣。其實不然，恰恰相反，只有經過痛苦和磨難的人才知道什麼是真正的快樂。

沒有苦怎麼會嘗到甜的滋味，沒有煩惱怎麼會體會到快樂的生活，沒有壓力怎麼會明白什麼是追求。

那麼，什麼是理想呢？現實給予了每個人享受快樂的機會，但是也同時給予了你承受痛苦的能力，如果你不去承受這種痛苦，你就不會明白什麼才是真正的生活。

成功不是隨隨便便一句話就可以達到的，它是要經過磨難來考驗的。如果一個人沒有承受痛苦和磨難的能力，他又如何能掌控成功呢。

在人生的路上行走，只有陰雨天才可以看到自己的腳印。只有經歷過風雨打擊後的人生，才是有意義的人生；否則，即使你得到成功，也不知道該如何去享受它。

這個世界上，沒有什麼困難是解決不了的，只要我們敢於和困難作鬥爭。但很多人都不具備這樣的決心或勇氣，所以每當遇到困難時，他們總是顯得沒有底氣。越是害怕，越是打敗不了困難，他們就越會憂心忡忡，也就失去了快樂。

挫折只是為那些懦弱的人設置的，因為對堅強的人來說，困難和挫折都算不了什麼，他們只把這些困難和挫折當作是一種成長的歷練，並從中獲取經驗和教訓，為自己的人生打下基礎。

山峰再高總有登上去的時候，河水再寬也有跨過去的時候，只要你有一顆堅強的、持之以恆的心。做一個強人，你的生活也將沒有困難可言。

9 活出真正的自己

唐末五代時的著名禪僧文偃是雲門一派的創始人，他的禪教頗具特色，後世稱「雲門家風」。

有一次，有個學僧問他：「師父，佛經上講佛陀剛出生時就向四面八方各走了七步，步步生蓮，然後一手指天，一手指地，說：『天上天下，唯我獨尊。』這句話是什麼意思？」

雲門文偃答道：「可惜我當時不在場，我要在場的話，一棍子打死他餵狗，圖個天下太平。」

學僧聽了，丈二和尚摸不著頭腦，又請教另一位禪師：「師父怎麼能講這種話呢？是不是有罪啊？」

那位禪師答道：「雲門講這話功德無量，報了佛的大恩。功德都說不完，哪裏還會有罪？」學僧如墜五里霧中，不明所以。

這段公案流傳到了宋代，又有學僧就這個典故請教被譽為「宋僧之冠」的惠洪。惠洪說：「如果我當時在場，連雲門也一棒子打死了餵狗去。」

雲門文偃要打死的當然不是佛祖，而是那些編造神話、騙人蒙人的歪嘴和尚，同時打醒那些「見廟就燒香，見佛就磕頭」，卻連最基本的佛學知識都不懂的迷信之徒。佛祖和我們一樣都是人，有父親，有母親，出家前還有妻子和兒子，怎麼可能一生下來就能走路，能說話？佛祖以及歷代高僧的覺悟、成就及造詣，完全歸功於他們的才智和努力。沒有人能隨隨便便成功，當然也沒有人可以生而為佛。

而惠洪之所以說要把雲門文偃也打死餵狗，則是為了破除那個學僧盲目崇拜權威偶像的心理。比如現在很多人都很崇拜南懷瑾，如果惠洪還在，他可能會說：「我把南懷瑾打死餵狗，看你們還崇拜什麼。」此處自然沒有侮辱大師的意思，只是我們的當務之急不是看大師們怎樣怎樣，而是應正視自我，積極進取，及早做自己的「大師」。

「勇敢地做自己」是生活的真諦。不能活出自我的人生，註定是一個失敗的人生。在這個世界上，沒有哪一個人能輕鬆地獲得成功。所以成功必須要有條件，而條件之一就是要讓自己的心聲表露出來，不要去盲目崇拜別人，聽從別人的話。盲目的崇拜終究會害了

自己。有時候真理往往掌握在你自己手中，只有你自己親身去體會，才有可能得到最真實的答案。別人說的永遠都可能存在著謬誤，唯有自己才會對自己負責任。所以，勇敢地做自己，讓自己成為自己崇拜的對象或「大師」。

正確地認識自己，是一個成功人士必須掌握的要素。**如果一個人，不能正視自己，不善於發現自己的長處，那麼他的一生都是在浪費時間**，因為他的價值永遠被埋藏在心底展示不出來。

唯有那些敢於挑戰自己的人，才有可能獲得成功，因為他們知道自己想要什麼，該往哪個方向走。只要明確了方向，即使途中遭遇挫折，終究還是會到達終點的。

這個社會，人情關係冷漠，每一個人的話語中都有可能摻雜著其他的利益誘惑。所以當你聽到某權威人士或是機構發表的言論遭到別人攻擊時，可能也會驚訝，為什麼名人也會有謊言呢？

其實，這是社會發展的必然結果，在這個物欲縱橫的時代，只有很少一部分人能堅持一顆純潔的心。所以，當你在這個世上生活時，最值得相信的就是自己。自己去追求自己想要的東西，遠比寄託在他人身上可靠得多。

做自己的「大師」，是對自己生命的負責，自己內心的聲音才是對自己生命價值最好的體現。

相信自己是最棒的，正視自我，努力進取，用自己的實際行動來回報生命。

親鸞上人是日本著名禪師。九歲那年，他就立下了出家的決心，請慈鎮禪師為他剃度。慈鎮禪師就問他：「你這麼小，為什麼要出家呢？」

親鸞說：「我雖然只有九歲，父母卻已雙亡。我不知道人為什麼一定要死亡？為什麼我一定非要與父母分離？所以，我一定要出家，探索這些道理。」

慈鎮禪師說：「好！我願意收你為徒。不過，今天太晚了，待明日一早，我再為你剃度吧！」

親鸞卻說：「師父！雖然你說明天一早為我剃度，但我終究是年幼無知，我不能保證自己出家的決心是否可以持續到明天？而且，師父，你年紀這麼大了，你也不能保證是否明早起床時還能活著吧？」

慈鎮禪師聽完，不禁拍手叫好，滿心歡喜地說：「對！你說的話完全沒錯。現在我就為你剃度！」

人生就像一場沒有彩排的戲，誰也料不到下一刻會發生什麼。

今天你腰纏萬貫，一夜之間就可能負債累累；今天你高居廟堂，明朝就有可能遠走他

鄉；今天你闔家歡樂，明朝就有可能妻離子散。

這樣的事情時有發生，並不是危言聳聽。人生無常，應在有限的生命裏活出自我，要不留遺憾，對得起自己。

我們身邊有很多人，他們總喜歡把事情拖延，要等到明天再去做，其實這不僅僅是他們懶惰的表現，而是他們一種極不負責任的拖延。

生命中的每一分鐘都是值得珍惜的，誰知道一覺醒來你還會不會活在這個世界上。尤其是面對自然災害時，生命的脆弱展露無遺。縱使我們擁有再多的財富、再高的權位，又有什麼用呢？

「人是一棵有思想的蘆葦」，說白了就是說明生命的脆弱。

所以，如果你還活在這個世界上，你應該感到慶幸。今天該做的事情，就要今天完成，不要拖到明天。那些理想、豪情壯志只是激勵我們的一種方式，最重要的是把握眼前，把眼前的事做好，你才有可能達成夢想。

「明天」和「意外」不知道哪一個會先來，最重要的是要活在當下。把自己的生命盡情地展示出來，體現出你的生命應有的價值，這才是我們活著的意義。

不要想著明天會怎樣怎樣，即使明天來了，你的這種拖延的心理也會把事情拖延到下一個明天。日復一日，這種心態就會形成習慣，難以更改，終究會誤了你的一生。

活出真正的自己，把眼前的事情做好，這就已經對你的生命負起了責任。凡事要抓緊，今天的問題今天就要解決，不要拖到明天。

把握現在，才有可能展望未來。

我悟故我在——撞壁人生的神奇解脫術

編　　者：麥冬
發 行 人：陳曉林
出 版 所：風雲時代出版股份有限公司
地　　址：105台北市民生東路五段178號7樓之3
風雲書網：http://www.eastbooks.com.tw
官方部落格：http://eastbooks.pixnet.net/blog
信　　箱：h7560949@ms15.hinet.net
郵撥帳號：12043291
服務專線：(02)27560949
傳眞專線：(02)27653799
執行主編：劉宇青
美術編輯：吳宗潔

法律顧問：永然法律事務所　李永然律師
　　　　　北辰著作權事務所　蕭雄淋律師
版權授權：馬峰
初版日期：2016年11月

ISBN：978-986-352-398-7

總 經 銷：成信文化事業股份有限公司
地　　址：新北市新店區中正路四維巷二弄2號4樓
電　　話：(02)2219-2080

行政院新聞局局版台業字第3595號
營利事業統一編號22759935

國家圖書館出版品預行編目資料

我悟故我在——撞壁人生的神奇解脫術 / 麥冬
著. — 初版. — 臺北市 : 風雲時代, 2016.10
面 ; 公分
ISBN 978-986-352-398-7(平裝)

1.修身

192.1　　105017033